AF632082

PABLO LÓPEZ GONZÁLEZ

Cómo hablar de Dios en las redes

Una guía para inspirar transcendencia en el océano digital

SEKOTIA

SEKOTIA
www.sekotia.com
@sekotia

© Pablo López González, 2025
© Editorial Almuzara, S. L., 2025

Primera edición: enero de 2025

Reservados todos los derechos. «No está permitida la reproducción total o parcial de este libro, ni su tratamiento informático, ni la transmisión de ninguna forma o por cualquier medio, ya sea mecánico, electrónico, por fotocopia, por registro u otros métodos, sin el permiso previo y por escrito de los titulares del *copyright*.»

Cualquier forma de reproducción, distribución, comunicación pública o transformación de esta obra solo puede ser realizada con la autorización de sus titulares, salvo excepción prevista por la ley. Diríjase a CEDRO (Centro Español de Derechos Reprográficos, www.cedro.org) si necesita fotocopiar o escanear algún fragmento de esta obra.

Sekotia • Colección Reflejos de Actualidad
Editor: Humberto Pérez Tomé Román

info@almuzaralibros.com
Parque Logístico de Córdoba. Ctra. Palma del Río, km 4
C/8, Nave L2, nº 3. 14005 - Córdoba

Imprime: Gráficas La Paz
ISBN: 978-84-19979-57-5
Depósito legal: CO-2030-2024
Hecho e impreso en España - *Made and printed in Spain*

Y yo, hermanos, cuando vine a vosotros, no vine a anunciaros el misterio de Dios con elocuencia o sabiduría sublimes, pues no me he preciado de saber otra cosa entre vosotros sino a Jesucristo, y a éste, crucificado. Y me he presentado ante vosotros débil, y con temor y mucho temblor, y mi mensaje y mi predicación no se han basado en palabras persuasivas de sabiduría, sino en la manifestación del Espíritu y del poder, para que vuestra fe no se fundamente en la sabiduría humana, sino en el poder de Dios.

1 Corintios 2, 1-5

A mis sobrinos Alex, Evita y Miguelito.
Entre todos tenemos que llenar las redes de cosas buenas.

ÍNDICE

INTRODUCCIÓN

¿Es posible hablar de lo eterno en tiempos de lo efímero? Más aún, es necesario hoy en día.

Estamos en una época donde el ritmo es vertiginoso. Las noticias viajan a la velocidad de un clic y la atención dura lo que tarda en llegar una nueva notificación. Hablar de Dios parece un reto casi heroico. Pero, ¿y si las redes sociales, ese vasto universo de *memes, stickers,* selfis y opiniones fugaces, fueran el nuevo púlpito del siglo XXI? Nunca antes hubo tantas oportunidades para llevar un mensaje a millones de personas en un instante, y, sin embargo, nunca fue tan difícil captar —y mantener— su atención.

Las redes sociales, con sus algoritmos que premian lo superficial, parecen el escenario menos propicio para un mensaje profundo. Pero en medio del ruido, siempre hay espacio para lo trascendente, si sabemos cómo transmitirlo. Este libro es una guía práctica y ágil para todo aquel que desee hablar de Dios en un mundo donde las historias en las redes sociales apenas duran 24 horas, pero por contraste las verdades universales permanecen.

En esta época, las palabras vuelan más rápido que nunca y, paradójicamente, su peso parece diluirse. Ante esta realidad vuelvo a la pregunta inevitable: ¿cómo hablar de Dios, de espiritualidad y de trascendencia en este torbellino digital?

Hablar de Dios en redes sociales no es solo posible, sino urgente. Pero hacerlo de manera efectiva requiere entender las reglas del juego: no basta con publicar versículos o cursis imágenes de paisajes con citas inspiradoras. El reto es conectar con corazones y mentes que, muchas veces, están más interesados en sumar seguidores o reírse de la última publicación, que en buscar sentido a sus vidas. Y aquí entra el arte de este tipo de comunicación en tiempos fugaces.

En este libro pretendo mostrar cómo usar las redes sociales no como una simple vitrina para enseñar mensajes religiosos, sino como un verdadero puente hacia llenar los anhelos humanos.

Este volumen no es una receta mágica. Es una invitación a repensar cómo llevamos lo sagrado a lo cotidiano, a explorar nuevas formas de comunicar lo esencial en un lenguaje que resuene hoy, aquí y ahora. Porque en este mundo de pantallas, *likes* y notificaciones, la Verdad sigue teniendo un lugar privilegiado. Las personas siguen buscando la belleza, el bien y lo eterno, aunque muchas no lo sepan. Y ese lugar, aunque parezca increíble, puede estar justo en las redes sociales. En este libro leerás muchos ejemplos de conversiones digitales.

1.
Hablar de Dios en las redes

El mundo cambia de una manera acelerada. Hasta el s. XIX, los cristianos explicaron a Dios, fundamentalmente desde los púlpitos, las conversaciones personales, por medio de los libros y de las obras de arte...

En los últimos años de ese siglo y sobre todo en el XX, se pudo hablar desde los periódicos, la radio, la televisión y desde internet en sus primeras etapas. En nuestro siglo, la mayor parte de la población ha ido utilizando menos los medios de comunicación tradicionales porque han ido conectándose masivamente a las pantallas, especialmente, a las redes sociales. Ahora, estas plataformas son una herramienta fundamental de comunicación.

1. 1. ¿UN CATÓLICO EN LAS REDES?

Como soy sacerdote, muchas personas me hacen preguntas de todo tipo, pero hay muchas cuestiones del capítulo redes sociales. Algunas muy recurrentes, son: Como católico, ¿puedo tener redes sociales?, ¿me quito las redes sociales?, ¿qué tengo que hacer para que mucha gente se acerque a Dios a través de mi cuenta? A la primera pregunto respondo que ojalá haya muchísimos cristianos coherentes utilizando bien las redes sociales, así marcaríamos un sendero limpio lleno de luz. Con respecto a la segunda pregunta, contesto que depende del uso y tiempo que le dediques. Ante la tercera pregunta, los animo a ser muy buenos seguidores de Cristo y las conversiones ya vendrán, que no se preocupen, que de eso se encarga el Espíritu Santo.

Los cristianos tenemos como misión seguir e imitar a Jesucristo. Nuestra religión no consiste en no pecar, o estar todo el día de rodillas rezando, o encerrados en nuestras parroquias. Debemos —debes— cristianizar el mundo.

Luego, si tienes que imitar a Cristo, el primer paso para ser como Jesús será luchar por vivir como si Jesucristo estuviese en tus circunstancias. El segundo es que des muy buen ejemplo a los demás y así las personas que te rodean se sorprenderán, y tu ejemplo dará pie a muchas conversaciones dentro y fuera de las redes sociales.

Hace tres días subí un vídeo en que hablaba de la misericordia de Dios. Explicaba que la misericordia es el atributo divino que mejor refleja cómo Dios es un Padre que nos quiere con todo su corazón. Especialmente, a los que más necesitamos sus gracias y su perdón. En el vídeo breve contaba que misericordia provenía de tres palabras en latín: *miserere* que son los necesitados, *-cor-* la raíz de corazón, y *-día* es la preposición *hacia.* Por tanto, Dios tiene su corazón dirigido hacia los que tienen necesidad: los ancianos, pobres, enfermos...

Al día siguiente, vi que tenía un mensaje nuevo en la cuenta con la que había subido el vídeo del día anterior. Era de una chica universitaria europea a la que no conocía, que ni siquiera era o vivía en mi país. Me contó su historia por encima y me pidió permiso para llamarme por teléfono y así solventar varias dudas, ya que había visto mi vídeo del día anterior. Concretamos una hora y cuando descolgué la llamada siguió explicándome una complicada vida de enfermedades, la separación de sus padres, el aislamiento al que la habían sometido sus amistades, sus pecados más graves, sus heridas, sus miedos… No quería confesarse, ya que ella sabía que no puede uno confesarse por teléfono. Me preguntaba si Dios la quería a ella, pero la gran cuestión que planteaba era si Dios la *podía* perdonar por todo lo que había hecho mal.

Yo contesté que por supuesto, que Dios la quería con todas sus fuerzas y que iba a perdonarla, sin ninguna duda. Que por ella Jesús había muerto en la Cruz, que iba a perdonarla siempre, hiciese lo que hiciese. Eso sí, debía tener dolor por sus fallos, ir a un sacerdote a pedirle confesión para arrepentirse delante del que hace las veces de Cristo en el sacramento de la Penitencia. Se quedó feliz.

Varios días después le pregunté si había podido reconciliarse con Dios, me contestó que sí.

Los cristianos tenemos que estar presentes en todos los ambientes sanos de la sociedad. En algunos de ellos puedes encontrar aguas un poco turbias. Para potabilizar ese ambiente te recomiendo que seas un cristiano íntegro: darás muy buen ejemplo y eso es lo que más arrastra a otras personas para acercarse a Dios y para vivir una vida más dichosa.

1. 2. *DUC IN ALTUM ET LAXATE RETIA VESTRA IN CAPTURAM*

Rodeado de una multitud en el lago de Genesaret, Jesús pide a sus discípulos que le suban a una barca para poder predicar un poco separado de la orilla. Cuando terminó su discurso les dijo: «*Duc in altum et laxate retia vestra in capturam*»[1] (remad mar adentro, y echad vuestras redes para la pesca).

Ahora, tenemos un nuevo *mar* con las redes sociales, por tanto, una nueva zona donde pescar almas para Dios. Jesús les

1 Lc 5, 4

dice a, sus apóstoles que los hará «pescadores de hombres»[2]. En nuestro siglo, los cristianos también debemos *pescar* almas para Dios. Es bueno adentrarse mar adentro en las redes sociales y echar la red para rescatar a personas que se ahogan con sus problemas. Ser activos en las plataformas digitales no es malo, es una gran ocasión para hacer apostolado, para difundir nuestro gran mensaje y hacer felices a las personas.

Con la pandemia del Covid-19, muchos católicos nos lanzamos a hablar de Dios en internet en esos momentos de temor global. Yo me uní a un grupo de sacerdotes que lanzábamos audios diarios para que los jóvenes pudiesen hacer la oración y encontrarse con Jesús en esas circunstancias difíciles. La plataforma se llamó @rezarhoy. Mandábamos los audios por grupos de mensajes y también los subimos a distintas plataformas. @rezar hoy todavía sigue activa.

Recibimos muchísimos mensajes de agradecimiento. A muchas personas, esos minutos les sirvieron para olvidar sus miedos, desconectarse de la saturación de noticias... Pero, sobre todo, para conectar con Dios, que era quien más y mejor podía ayudarles en esas circunstancias. Algunos nos contaban que, oyendo nuestros audios, era el momento en que se juntaba toda la familia para rezar.

Otro mensaje que recibimos muy gratificante fue de un joven que, gracias a esos ratos de conversación con Jesús, había vuelto a reencontrarse con Dios y por fin desistió de acabar antes con su vida. Solo por este mensaje valieron la pena todos nuestros esfuerzos, por ellos no se suicidó.

No te avergüences nunca de subir contenido que ayude a las personas a ser más felices. Jesús les dice a sus apóstoles que los hará pescadores de hombres, tú ahora eres de los sucesores de los discípulos de Cristo y tienes el mismo mandato.

---

2 Mt 4, 19

Hace tiempo le grabé un testimonio a un amigo sacerdote. Hablaba de un joven que había fallecido unos meses antes. Después de subirlo en las plataformas y en las redes recibimos muchísimos mensajes de agradecimiento por mostrar una vida tan alegre cerca de la Cruz del Señor, dentro de una enfermedad de muchos años[3]. Te animo a que lo veas:

1.3. LOS CRISTIANOS EN UN MAR SIN ORILLAS

Los cristianos tenemos un reto: «Id al mundo entero y proclamad el Evangelio a toda la creación»[4]. Los primeros apóstoles viajaron hasta el final del mundo, como Tomás a China o Santiago a Finisterre. Los cristianos debemos hablar de Dios en nuestra familia, con nuestros amigos o con las personas que nos vamos encontrando en la vida, pero también en las redes sociales. Ojalá hagamos que Cristo esté presente en todas las realidades. Debemos abarcar todo el mar, para nosotros no puede haber orillas sin explorar.

Cada apóstol tuvo un cometido: unos se fueron hasta el último rincón del mundo, otros se quedaron en Tierra Santa, los hubo que fueron hasta Grecia... No todos los cristianos tenemos que estar en todos los sitios, pero sí que es bueno que

3 https://www.youtube.com/watch?v=OIjkWlzSiYg&t=599s

4 Mc 16, 15

muchos estemos presentes en las redes sociales. En concreto, aquellos que vean que pueden aportar grandes ideas. Esos son los que conviene que estén metidos en las plataformas digitales.

A los cristianos nos toca en gran medida hacer de internet un lugar más saludable. Es indudable que la nube está llena de contenido nefasto[5], la mitad de las páginas en internet tiene contenido pornográfico. Una tercera parte de los archivos que se envían tienen contenidos lamentables o mentirosos. Las redes sociales no están exentas de estas imágenes. Los cristianos tenemos que purificar también ese ambiente elevando la calidad con todo lo que aportamos. Dar luz en un ambiente muy oscuro.

Voy a contarte la historia de mi amigo Juanjo Vega. Hace unos meses grabé su testimonio. Él ha estado a los dos lados[6] del charco. Juanjo llevaba toda su vida hipersexualizado, buscaba *energías* por todo el mundo con el reiki, el chamanismo, la *New Age*... Juanjo estaba cansado de sus bajas tendencias, pero como los malos hábitos se convirtieron en adicciones ya no podía quitarlos de su vida.

Un día se encontraba mal y no fue a trabajar. Como en tantos otros momentos se puso a ver vídeos inadecuados. De repente, le saltó un vídeo de una persona que hablaba de Dios. Le chocó tanto que se quedó viéndolo. Y se dio cuenta de que había tocado fondo. Empezó a buscar a Dios. Rezó, se terminaron todas sus adicciones. Ahora dice que es un hombre distinto, mucho más feliz y libre. Todas las mañanas se levanta pronto, saca a su perrito, es el primero que entra en la iglesia de su pueblo y después de hacer tres cuartos de hora de oración asiste a la Santa Misa. Ayuda a muchísimas personas, reza el rosario y tiene algunas costumbres cristianas más.

Un buen vídeo le impulsó a cambiar de vida.

---

5 https://www.aetic.es/datos-sorprendentes-pornografia-en-internet/

6 https://www.youtube.com/watch?v=yvtGYG9kr8w

Estas Navidades le acompañaba por Castro Urdiales, que es su precioso pueblo. Nos paramos en un semáforo y le saludó efusivamente un subsahariano que estaba barriendo la calle y mirándome a mí me dijo con su acento marcado: Esta es la mejor persona que me he encontrado en España, fue el primero que se preocupó de mí al poco de llegar, me dejó llamar a mi familia por primera vez para contarles que había llegado bien, me ayudó a instalarme... Qué pena que el semáforo durase tan poco. Cuando reanudamos la marcha le pregunté quién era. Me dijo su nombre y me contó la complicada vida de ese inmigrante hasta que llegó a Europa, la familia que había dejado en su país... Juanjo se estaba comportando como un verdadero seguidor de Jesucristo.

Te dejo el vídeo

Además, el vídeo del testimonio de Juanjo también ha ayudado a personas que creían que era imposible salir de situaciones similares.

Jesús nos exige mucho: «Amarás a tu prójimo como a ti mismo»[7]. Es decir, nos exige que tratemos a las personas como nos gustaría que ellas nos tratasen a nosotros. Si estuvieras sumido en un gran problema o en el fondo de un pozo, te gustaría encontrar a personas que arrojaran luz en las plataformas

7 Mt 22, 39

digitales. Ojalá haya muchos mensajes positivos. En ese sentido, tenemos mucho contenido para crear.

1.4. NO SOMOS PIRATAS

San Pablo en la Carta a los Efesios insta a «decir la verdad con amor»[8]. Los cristianos debemos ser veraces en todos los ambientes en los que nos movemos, no podemos adulterar la información. Incluso un paso más en la sinceridad es ser compasivos evitando el lenguaje ofensivo.

En el mundo digital muchas personas se crean perfiles falsos para soltar improperios o insultar cuando otros no son de su mismo parecer. Estos *haters* (odiadores) están muy acostumbrados a criticar. Los católicos no podemos entrar en esa rueda: siempre debemos perdonar como haría Jesucristo y evitaremos muchos comentarios que nos saldrían en un primer momento. Recuerda que Pedro se le acercó a Jesús y le preguntó: «Señor, ¿cuántas veces he de perdonar a mi hermano si peca contra mí? ¿Hasta siete veces? Le dice Jesús: No digo yo hasta siete veces, sino hasta setenta veces siete» [9]. Por tanto, los cristianos tenemos que perdonar siempre. También en las redes.

San Pablo les pide a los de Éfeso que digan la verdad, pero no solo eso, sino que hay que decirla además con amor. No podemos lanzar dagas con nuestros comentarios, aunque sean verdad, aunque tengamos razón, pero que puedan ofender. No somos piratas, vamos por los espacios digitales sin el cuchillo en los dientes, sin avasallar.

Hace más de un año, saqué un vídeo en que comentaba la cantidad de abusos en la Iglesia católica y fuera de ella.

---

8 Ef 4, 15
9 Mt 18, 21-22

Explicaba que un solo caso dentro de la Iglesia ya habría sido durísimo, por lo que representamos las personas que nos hemos entregado a Dios. Destacaba que los abusos en otros ambientes familiares, sociales o profesionales la proporción era muchísimo mayor.

En el vídeo quería reflejar que la información que nos llega de la mayoría de los medios está sesgada. Siempre que hay casos de un sacerdote o de un religioso, el hecho aparece en la mayoría de los medios. Pero casi nunca somos informados si proviene de otros ámbitos diferentes de la Iglesia. Además, yo no justificaba a los abusadores, pedía para ellos toda la justicia divina y humana, ya que el daño que hacen a las víctimas es irreparable. Tengo la desgraciada experiencia de consolar y atender a algunas de esas pobres víctimas.

Muchos comentarios a ese vídeo alababan la claridad de los datos y afirmaban que no todos los sacerdotes somos abusadores; al igual que no todos los políticos son corruptos. Pero hubo muchos mensajes que me llegaron con insultos, con desprecios... Ante esas palabras, lo mejor es no tenerlas en cuenta. Hay mucha gente que sufre, que no ha tenido una vida fácil y no podemos meternos siempre en sus zapatos; es decir, no podemos entender por qué se dedican a humillar a los demás. Muchos atacan desde la ignorancia.

Si contestas mensajes hirientes de *haters*, es difícil hacer que cambien de opinión. Te recomiendo que no te los tomes en serio, que perdones sus intentos de desprestigiar, y que calles y reces por ellos. Siempre tenemos que vivir la caridad, ese es el distintivo cristiano, como afirmaba Santo Tomás de Aquino: «Esta es la señal del cumplimiento de la ley divina: el amor al prójimo»[10].

---

10 Santo Tomás de Aquino. *Sobre la caridad.* 1. C. pág. 218.

1.5. EMBAJADORES DE LA CARIDAD

Desde la antigüedad el mar siempre ha sido algo inhóspito. En todos los puertos marítimos se pueden contar multitud de historias trágicas. Los marineros que se adentraban en la gran infinidad marina no sabían lo que les podía deparar cada viaje.

En el pasado pocos eran los que viajaban, los que surcaban los mares solían ser pescadores o comerciantes, había pocos viajeros si no era por necesidad.

Gracias al hecho más trascendente de la historia: el nacimiento, muerte y resurrección de Jesucristo —ayudados también por el Espíritu Santo—, muchos de los apóstoles y los discípulos van a viajar en todas las direcciones a predicar.

Ellos fueron los abanderados del Señor, los que enarbolaron la Cruz y la caridad de Jesús en sus vidas, y por todos los puntos cardinales del mundo conocido. Ellos enseñaron lo que habían recibido. Como afirmó san Pedro: «porque nosotros no podemos dejar de hablar acerca de lo que hemos visto y oído»[11].

Los seguidores de Jesús vieron algo tan grande desde que convivieron con Él, que no les importó dejar las comodidades de sus tierras, trabajos y su bienestar, para irse a unas tierras inciertas. Muchos de los apóstoles eran pescadores de agua dulce, habían escuchado multitud de historias de naufragios, abordajes, fantasmas y monstruos, en el mar. Los discípulos vencen sus miedos para explicar a extranjeros que Jesús ha estado con ellos, les ha enseñado una manera concreta de vivir y quieren difundirla.

Los primeros cristianos viven de un modo que contagia[12]. Ellos son los que cuidan a los pobres, a los ancianos, los que luchan contra los abortos de los ya nacidos, que era costumbre entre los romanos. Se preocupan de los enfermos, incluso

---

11 *Hch* 4, 20

12 Cfr. *La expansión del cristianismo*. Rodney Stark

en las pandemias, igualan en dignidad a la mujer con el hombre... Estos ejemplos de vida arrastrarán al bautismo en masa a muchos paganos.

Como decía el monje asceta San Juan Clímaco, «no se entiende el amor a Dios si no lleva consigo el amor al prójimo»[13]. Mucho después, los cristianos del siglo XXI, tenemos que cuidar la caridad en todos los campos de nuestra vida, en la familia, con nuestros amigos, detrás de cualquier usuario que tengamos en las plataformas digitales. Al igual que Jesucristo, siempre tenemos que perdonar, ayudar, empatizar y querer a los demás.

Una noche me encontré un mensaje en mis redes sociales. Era de una joven que estaba a punto de terminar su carrera de la rama sanitaria. Me preguntaba si podía contarme sus problemas. Le contesté que sí. Al poco rato ya tenía su contestación. Desde ese día empezó a desahogarse. Vivía a cientos de kilómetros de su hogar, era la única cristiana de su clase, se sentía perseguida y además era el centro de muchas burlas entre sus compañeros. Estaba y se sentía bastante sola. En estos casos, lo mejor es que las personas se sientan escuchadas. Después, en la oración, hay que preguntar a Jesús qué responderles. Él siempre nos mostrará la idea adecuada en lo más hondo de nuestra conciencia.

La hice considerar que un cristiano siempre tiene que perdonar, rezar por las personas que le tratan mal. Le pasé dos teléfonos, el de una chica que tenía su edad y que podía introducirla en un grupo de jóvenes de su parroquia, donde estaría muy bien acompañada, y se podría integrar entre gente maja. Y el de un amigo sacerdote que podría ayudarle en la dirección espiritual personal.

Creo que es fundamental escuchar a las personas que nos piden ayuda a través de una pantalla, pero se avanza todavía

---

13 *Escala del paraíso*, 33. Juan Clímaco

más consiguiendo un contacto más personal con ellos. Esta chica fue encajando y sintiéndose mejor, sigue escribiéndome mensajes varias veces al año para contarme sus avances.

1.6. UN NUEVO CONTINENTE

Hasta hace 500 años, se pensaba que la tierra era plana, aunque muchos siglos antes algunos griegos ya habían defendido la redondez de nuestro planeta. Cuando Cristóbal Colón llegó al Caribe, murió sin saber que había llegado a un continente nuevo, del que no se tenían noticias. Muchos han sido los aventureros que han querido explorar sitios insospechados donde no hubiese llegado nunca nadie: las montañas más altas, las cuevas más profundas, las selvas más tupidas, los desiertos más temidos, incluso el hombre ha pisado la Luna, hemos analizado otros planetas...

Hace pocos años, Benedicto XVI, nos advertía de que había un nuevo continente: «A vosotros, jóvenes, que casi espontáneamente os sentís en sintonía con estos nuevos medios de comunicación, os corresponde de manera particular la tarea de evangelizar este "continente digital"»[14]. Pedía a los jóvenes que diesen su testimonio de fe en este ambiente digital.

El Santo Padre animaba a esta misión a los cristianos para hacer presente a Dios en esas nuevas realidades. Lanzaba este mensaje precisamente el día en que la Iglesia celebra a san Francisco de Sales, doctor de la iglesia, patrono de los periodistas.

A este gran santo le manifestó su obispo la necesidad de evangelizar el sur de Ginebra con sacerdotes, en la ciudad de Chablais. Era un momento muy complicado: la época que los

14 Benedicto XVI. 24 de mayo de 2009. XLIII Jornada Mundial de las comunicaciones sociales.

calvinistas atacaban con furia a los católicos. San Francisco de Sales fue sin miedo, junto con su primo, que era canónigo. Partieron el 14 de septiembre de 1894, día de la Exaltación de la Santa Cruz. Se las ingeniaron para que los soldados no les descubriesen. En el pueblo de Thonon, que ya solo contaba con 20 católicos que no se atrevían a esgrimir abiertamente sus creencias, el santo les ayudó a mantener su fe.

En el castillo de Allinges fue atacado por los lobos. Tuvo que resguardarse en un árbol en pleno invierno, a la falda de altos picos de los Alpes. A la mañana siguiente, unos aldeanos calvinistas se lo encontraron en un estado tan deplorable que lo atendieron, le dieron comida caliente y cobijo. Con el ejemplo del sacerdote y su agradecimiento, esta familia aceptó la fe católica.

Comenzó a publicar unos textos describiendo las faltas en la doctrina calvinista. Pasaban de mano en mano después de leerse en algunas iglesias. Se ocupó además de formar a personas de todo tipo, como a los soldados, a los cultos y a los ignorantes, mayores y pequeños... Con los años fue nombrado obispo de Ginebra, aunque tuvo ofertas de quedarse en Roma, en una ciudad mucho más tranquila para la labor pastoral, pero prefirió estar en la zona difícil.

San Francisco de Sales nos da ejemplo a los cristianos de hoy, que pretendemos hacer presente a Cristo en los medios tecnológicos. Debemos imitarle siendo muy ejemplares con nuestra manera de vivir. Viendo actuar en cristiano a los cristianos, muchos se sentirán atraídos, si luchamos por seguir viviendo siempre la caridad con las personas con las que interactuamos. San Francisco de Sales, además de doctor de la iglesia, también es conocido como *doctor de la amabilidad*.

Benedicto XVI fue el primer pontífice que utilizó las redes sociales. En concreto, tuvo una cuenta de *Twitter*, donde podía comunicarse de modo instantáneo con millones de personas.

A este nuevo *continente digital*, el obispo don José Ignacio Munilla lo denomina el *sexto continente*. En 1492, se descubrió

América, allí había millones de personas. Ahora, también ha aparecido un lugar donde se encuentra una inmensa multitud. Aquí es donde pasamos muchas horas de nuestra vida. Igual que los cristianos se marcharon por los cuatro puntos cardinales, ahora los cristianos tenemos que hacernos presentes en el mundo digital, para alcanzar a muchos que desconocen o no siguen a Jesucristo. Así mejoraremos sus vidas si se acercan a Dios.

Cuando yo era un chaval, hasta los 13 años salía del colegio a las 16:30. Desde los 8 años o antes, después de merendar, bajaba todos los días al entrenamiento de fútbol o a jugar un partido con mi hermano y mis amigos en la calle. Eso sí, un poco antes de las 19:30 todos los días hacíamos un parón para acompañar a nuestra madre a la Santa Misa, y si los días tardaban en oscurecer y daba tiempo después de la misa, volvíamos al partido. Nuestras tardes las pasábamos fuera de casa.

En pocos años los tiempos han cambiado. Ahora pocos jóvenes pasan tanto tiempo jugando con sus amigos fuera de casa. Muchas calles están casi vacías, en los parques solo hay niños pequeños jugando, mientras sus padres los vigilan entre miradas a sus móviles. Los jóvenes se quedan en casa no solo haciendo los deberes escolares, sino enganchados a las pantallas. Cuando los adolescentes bajan a los parques o se reúnen para tomar algo en algún bar, son pocos los que hablan y no están mirando sus dispositivos electrónicos. Como nos pedía el Santo Padre Benedicto XVI, este *continente digital* es en el que tenemos que hacernos presentes. Los católicos hemos que colonizarlo para mostrar un mundo mucho mejor.

Hace varios años conocí a Antonio Herrador, un universitario de Jaén que es muy listo y muy salado (como todos los andaluces). Tiene una historia redonda de la providencia de Dios en su vida y en la de su familia. Le pregunté si le podía grabar un testimonio, me dijo que estaría encantado[15]. Le dije que no sabíamos a la gente que iba a ayudar, pero con que lo hiciese con una persona ya había merecido la pena. Me respondió que pensaba lo mismo. Te animo que lo veas, vídeos así dan mucha luz.

1.7. LA PRIMERA VUELTA AL MUNDO

El 10 de agosto de 1519, partieron de Sevilla cinco naves con 239 hombres. En esa expedición había grandes aventureros, como Fernando de Magallanes, Juan Sebastián Elcano, Gonzalo Gómez de Espinosa, Antonio Pigafetta... No era para menos, querían ser los pioneros, los primeros en lograr un nuevo recorrido marítimo[16].

Eligieron ir por occidente. Ambicionaban encontrar una ruta a través del continente americano para poder pasar del Atlántico al Pacífico con el fin de abrirse paso hacia las islas de las especias. Querían llegar antes que marinos de otros países que lo intentaron viajando hacia oriente.

En aquella época, las especias tenían muchísimo valor: eran más caras que el oro. Ahora no nos podemos hacer una idea, ya que tenemos una variedad gastronómica grandísima. En la antigüedad las comidas eran casi insípidas. Gracias a las especias condimentaban la comida y se realzaban los sabores.

En España, con este viaje esperaban tardar menos que el resto de sus adversarios viajando hacia el oeste, pues bordear

15 https://www.youtube.com/watch?v=0th2Eeyc9vY&t=17s

16 Cfr. Stefan Zweig. *Magallanes*.

África era peligroso por el control marítimo de Portugal, de Inglaterra y el acecho de los piratas. Las islas de las especias, ahora conocidas como Molucas, era El Dorado del siglo XVI.

Cuando las embarcaciones llegaron a América, viraron hacia el sur buscando un paso hacia el otro océano. En cada desembocadura gigante, como la del Amazonas, pensaban que podría ser por allí, se adentraban tardando mucho en descubrir que eran aguas dulces y por tanto, ríos, que por su magnitud les parecían mares. En cada uno de los intentos infructuosos, volvían a poner el rumbo hacia el sur.

La expedición fue mermando por el extremo calor, más tarde también por el intenso frío, mientras iban bajando para bordear el continente por el sur. Sufrieron innumerables epidemias por falta de alimentos, como el escorbuto, porque, al no ingerir frutas ni verduras, ante la carencia de vitamina C, se iban debilitando hasta que muchos fallecieron. También sufrieron enfrentamientos contra los nativos de las islas. Además, alguna de las embarcaciones se perdió.

Después de muchas penalidades lograron su ansiado objetivo. Alcanzaron las Islas de las Especias. Cuando obtuvieron la cantidad de mercancía necesaria, pusieron rumbo hacia España, pero ya no por donde habían venido. Era demasiado largo el viaje. Pensaron que llegarían antes siguiendo hacia el oeste, a pesar de otros peligros: los barcos rivales, ya que portugueses, ingleses y otros piratas, ansiaban el valioso botín. Con lo débiles que estaban no podían volver a pasar tan cerca del polo sur volviendo por la misma ruta.

El 6 de septiembre de 1522, 18 hombres famélicos, de los 239 que habían embarcado, regresaron en una sola nave a su país de origen. Pasaron calor, frío extremo, sed infernal, tempestades, abordajes, traiciones, miedos, pero sobre todo hambre, hasta el punto de tener que comer el cuero que recubría el palo mayor del barco para aplacar a sus estómagos, tuvieron que perseguir las pocas ratas que había a bordo para no morir de inanición.

Estos héroes de la resistencia, pioneros en la travesía alrededor del mundo, mostraron la ruta a sus sucesores y explicaron en qué épocas soplan los vientos favorables, concretando meridianos y paralelos. De esta manera empezó la primera ruta comercial alrededor del mundo. Comenzó la primera globalización.

En este siglo, vivimos en un mundo muy globalizado, ahora nos enteramos al instante de los sucesos del último rincón del planeta. Los cristianos tenemos que aprovechar estos medios para estar en vanguardia de la nueva evangelización, que consiste en que muchas personas conozcan a Jesucristo y tengan fe en lo que nos enseñó, hasta el último hombre del planeta. Para este objetivo, las redes sociales son un recurso imprescindible.

Ante el relativismo, el secularismo y la falta de compromiso de los bautizados, san Pablo VI y san Juan Pablo II apuntaron la necesidad de una nueva evangelización: «grupos enteros de bautizados han perdido el sentido vivo de la fe o incluso no se reconocen ya como miembros de la Iglesia, llevando una existencia alejada de Cristo y de su Evangelio»[17].

Los cristianos tenemos que abrir una nueva ruta en las plataformas digitales basada en la verdad y siempre de la mano de la caridad para alcanzar hasta la última persona del planeta que no conozca la realidad más trascendente del mundo, que es Jesucristo. Jesucristo es Dios y hombre. Jesús vivió, como predijeron muchísimos profetas siglos antes de su venida, murió para rescatar al género humano, resucitó por amor a la humanidad, a cada ser humano, dejando las puertas del cielo abiertas. Seguir sus enseñanzas nos conduce hasta la felicidad terrena y eterna en el cielo.

---

17 San Juan Pablo II. 9-3-1983. *Discurso a la asamblea del CELAM.*

Una tarde, a principios de diciembre, iba con un grupo de jóvenes a patinar en un *skatepark*. El plan era hacer algo de deporte después de clase, ya que ese día habían acabado los exámenes y después íbamos a asistir a la Santa Misa de la novena de la Inmaculada, para preparar la gran fiesta mariana del 8 de diciembre.

Siempre voy vestido con ropa de sacerdote por la calle, menos cuando hago deporte, como esa tarde. Mientras aprendía algún truco, me puse a hablar con un *skater* que nunca había visto ni venía con nosotros. Me contó que le quedaba el último curso de farmacia. Cuando me preguntó a qué me dedicaba le conté que era sacerdote. Me miró con cara de asombro y rápidamente me preguntó:

—¿Has dedicado toda tu vida para celebrar misas a abuelas?

—¿Y tú estás estudiando farmacia para estar toda tu vida dando pastillas y envolviendo paquetitos a abuelitas? —repuse. Y continué— ¡Claro que no! Estás estudiando porque quieres ayudar a que las personas vivan mejor. Lo mismo yo: pretendo que las personas sean más felices aquí en la tierra, mostrándoles el camino hacia Jesús y seremos más dichosos si conseguimos el premio del cielo.

Le sorprendió la respuesta y seguimos hablando más de lo divino que de lo humano.

Los católicos tenemos que aprovechar las circunstancias y hablar de la maravilla que es estar cerca de Dios en el día a día y también en las pantallas.

2.
Las redes se llenaron

Jesús pidió a sus discípulos que remaran mar adentro y que echasen las redes para pescar. Pedro le replicó que llevaban toda la noche intentando pescar, pero no habían conseguido sacar ni un pez. Igual que Santiago y su hermano Juan, eran pescadores, sabían cuándo debían pescar.

Sin embargo, Pedro le contestó a Jesús que le obedecería, aunque pensaba que no era la mejor idea volver a echar la red. El primero de los apóstoles, después de un rato pescando, tuvo que llamar a otra barca por la cantidad de peces, tantos que no eran capaces de sacarlos ellos solos con una sola barca.

Cuando obedecemos a Jesús y tenemos fe en lo que nos pide es cuando se realizan los grandes milagros, las grandes conversiones. En mi caso apoyé el comienzo de *Rezarhoy* en las primeras semanas del covid, aunque no fui de los impulsores. Algunos sacerdotes preparábamos audios para que los que seguían esta cuenta pudiesen hacer un rato de oración diaria, para que tuviesen un encuentro con Jesucristo. Era emocionante recibir mensajes positivos de lo mucho que esas prédicas ayudaban a la gente.

Sin embargo, aunque seguía creciendo el número de seguidores, cuando se levantaron las primeras restricciones y las reuniones empezaban a permitirse, los que iniciaron esta iniciativa fueron, poco a poco, dejándola de lado. Yo recibía mensajes del bien que hacían estos audios y algunos me pedían que no dejásemos morir ese gran recurso. Por eso les pedí los permisos de las cuentas a los impulsores, que estuvieron encantados en que yo me encargase.

Empecé a buscar más sacerdotes que estuvieran dispuestos a grabar un audio al mes, yo me encargaba del proceso de edición de audio, vídeo, subida a las plataformas y de ir enviándolos todos los días. Así estuve un tiempo, hasta que Manu García Fuentes empezó a ayudarme en este proceso. Las redes se iban llenando despacito. En poco tiempo pasamos de unos pocos miles a las cinco cifras de seguidores. Saber que los audios los escuchaban miles de personas diariamente nos entusiasmaba.

No parábamos de recibir buenas noticias, muchas personas habían recobrado la cercanía con Dios. Uno de los mensajes más emocionantes fue el audio de una persona mayor. No era la primera vez que me escribía, antes me había pedido que le ayudase para poder compartir estos audios con su familia. Pero dejé de recibir sus cariñosas palabras durante bastante tiempo, hasta que un día me llegó una nota de voz suya. Con voz temblorosa me contaba que justo acababa de salir del coma, había estado ingresado muchos días en el hospital y cuando recobró el sentido lo primero que hizo después de llamar a su familia, fue escuchar el audio de *Rezarhoy* que habíamos compartido esa mañana para poder escuchar a Jesús y hablar con él. Me agradecía nuestras horas de trabajo y me pedía que no lo dejásemos.

2. 1. PONER EL CEBO ADECUADO

Los que hemos pescado sabemos que es necesario tener un material muy concreto. Se necesita una caña, un carrete, un buen sedal, un anzuelo adecuado para los peces que pretendemos capturar, cebo natural o artificial y, sobre todo, tener mucha paciencia. Hay días memorables y otros que lo único que han picado son los mosquitos.

Ningún pescador va sin cebo, ya que no podrá llamar la atención de los peces. Hay peces que son más fáciles de pescar, otros que solo una mano experta está capacitada para sacarlos del agua. La trucha es el pez más cotizado de los ríos durante el año, salvando a los salmones cuando vuelven a desovar a las aguas dulces después de cruzar el océano. Para poder pescar las truchas a mosca hay que ser muy diestro. Hay que meterse dentro del río e ir imitando el posado de las moscas en la superficie del agua con el cebo artificial. Es como un baile de todo el cuerpo para lanzar con destreza el cebo y así llamar la atención de las truchas. Si no lo haces bien, a la mínima señal de intrusión se escaparán.

Sin embargo, para pescar lubinas, doradas…, hace falta cebo natural como una lombriz y dejar que el anzuelo se apoye en lo profundo del mar gracias al plomo. Para conseguir sacar un pulpo desde fuera del agua en una zona de rocas, se pone una tablilla atada a una cuerda con un gran anzuelo y justo al lado una pata de pollo amarrada a una goma. Cuando desde fuera se nota que la cuerda empieza a moverse; se puede dar un buen tirón para ver si hay suerte y se saca el pulpo enganchado por el gran anzuelo. La pesca tiene sus peculiaridades para cada especie.

En las redes sociales también hay muchos tipos de peces. Tenemos que pensar a quién queremos llegar para adecuarnos a lo que les puede llamar la atención: una canción, una poesía, un vídeo corto, un comentario positivo, una imagen sorprendente…

Y hay que saber que cada persona es diferente. Como decía el aforismo del religioso Baltasar Gracián en el Siglo de Oro: «Visto un león, vistos todos; pero visto un hombre, solo está visto un hombre y además, mal conocido». Con otras palabras, pero la misma idea pronunciaba santa Teresa de Lisieux a las novicias: «Lo primero que descubrí es que todas las almas sufren más o menos las mismas luchas, pero que, por otra parte, son tan diferentes las unas de las otras, que no me resulta difícil comprender lo que decía el P. Pichon: Hay mucha más diferencia entre las almas que entre los rostros»[18].

Antes de sacar un nuevo contenido a la red, es bueno pararse a pensar a quién va dirigido, por dónde van las tendencias de ese momento, qué puede sorprender más, qué puede ayudar más. Así pondremos un anzuelo y un cebo adecuado para ganar almas para Cristo.

Con el paso del tiempo en *Rezarhoy* pasamos también a sacar todo tipo de contenido para llegar a más jóvenes, ya no solo audios. Hace varias Navidades le pedimos a *Vles*, un amigo nuestro adolescente, que nos compusiera un rap para que los jóvenes descubriesen el verdadero sentido de esas fechas[19]. A la gente le pareció muy original y uno que no tenía fe me decía más o menos: —Esos pocos segundos del rap me han hecho pensar. Hasta hoy, para mí las Navidades eran luces, comidas, regalos y preparativos. Pero ahora pienso que si de verdad Jesús nació estos días no estoy nada preparado.

Te dejo el vídeo

18 Teresa de Lisieux. *Historia de un alma*. Manuscritos autobiográficos, Madrid: BAC, 2021, 240.

19 https://www.youtube.com/watch?v=oPDBa83ARqc

2. 2. MADRUGAR

Los que tienen cierta práctica pescando saben que es mejor ir al atardecer, de noche o al amanecer, pues, en pleno día hay demasiada luz para los peces, les molesta tanto que se esconden en las profundidades. Los apóstoles, cuando Jesús les pide que remen mar a dentro y echen la red, le contestan que esa noche no habían pescado nada. Salieron de noche porque era lo normal pescar a esas horas. Aunque esa noche no tuvieron suerte, obedecieron la petición del Señor de echar la red en pleno día. Por la obediencia de los apóstoles, Dios les hizo ese gran favor de conseguir muchísimos peces.

Si queremos pescar hombres para el reino de los cielos, tenemos que seguir un plan. Jesús nos pide ser «pescadores de hombres»[20]. Te propongo el *plan* de san Josemaría, que lo atestiguaba con sus años de experiencia: «Primero, oración; después, expiación; en tercer lugar, muy en "tercer lugar", acción»[21].

En las plataformas digitales tenemos que transmitir lo que vivimos. Conviene que los cristianos seamos almas de oración. Mediante el rato diario de conversación con Él, llegamos al *cara a cara* con Jesús. Procuremos acompañarle al resguardo del ajetreo, del ruido del mundo, en alguna Iglesia o en la tranquilidad de una habitación. En estos ratos descubriremos cuál es la voluntad de Dios para nuestro día a día, meditaremos su paso por Israel, sacaremos buenos propósitos para nuestras vidas y, por tanto, también para nuestras cuentas digitales.

Jesús también nos habla a través de la Sagrada Escritura, de los afectos que notamos en nuestro interior, de las ideas de mejora, también lo hace con palabras sencillas, pero sobre todo, podremos escucharlas cuando estamos en silencio.

A quien quiera ahondar o mejorar en la oración le recomiendo

---

20 Mt 4, 19

21 Josemaría Escrivá de Balaguer. *Camino*, 82.

meditar la última de las cuatro partes del *Catecismo* de la Iglesia Católica o del *Compendio*.

La segunda etapa que propone san Josemaría para ser apóstoles es ser personas sacrificadas. El Señor nos pide: «Si alguno quiere venir en pos de mí, niéguese a sí mismo, tome su cruz, y sígame. Porque el que quiera salvar su vida, la perderá; pero el que pierda su vida por causa de mí y del evangelio, la salvará»[22]. Tomar nuestra cruz diaria es hacer con esfuerzo nuestras obligaciones, vivir para los demás: ser más amables, serviciales, alegres, ordenados, obedientes... Estas son las cruces que pide Jesús.

San Pablo, en su extenuante labor apostólica, recorre miles de millas náuticas y miles de kilómetros a pie. Sufre grandes sacrificios como cuenta a los corintios: «De los judíos he recibido cinco veces los cuarenta azotes menos uno; tres veces he sido azotado con varas, una vez he sido lapidado, tres veces he naufragado y pasé una noche y un día en alta mar. Cuántos viajes a pie, con peligros de ríos, peligros de bandoleros, peligros de los de mi nación, peligros de los gentiles, peligros en la ciudad, peligros en despoblado, peligros en el mar, peligros entre falsos hermanos, trabajo y agobio, sin dormir muchas veces, con hambre y sed, a menudo sin comer, con frío y sin ropa. Y aparte todo lo demás, la carga de cada día: la preocupación por todas las iglesias»[23]. Y lo hace todo para mayor gloria de Dios y por las almas. Esas deben ser también nuestras motivaciones cuando elegimos vivir una vida mortificada. Los sacrificios tenemos que ofrecérselos a Dios con el objetivo de que muchas personas se acerquen a Él. Habrá que hacer sacrificios también para atender convenientemente nuestras cuentas digitales.

Después de hacer oración, y realizar sacrificios, el último paso para imitar a los apóstoles es la acción. Es la guinda del pastel. En la vida diaria sería hablar de la maravilla de ser

22 Mc 8, 34-35
23 2 Cor 11, 24-28

cristiano a uno o varios amigos. En el mundo digital es hacer presente a Cristo en ese ambiente de diferentes maneras.

Yo no soy de los que se pase muchísimo tiempo en las redes sociales, mi media diaria no es de más de 7 minutos, pero sí le dedico tiempo a preparar los vídeos, audios, ilustraciones... Soy de los que intenta ir subiendo contenido y contestando mensajes, pero nunca abro lo que va subiendo la gente, intento de esta manera mortificar mi curiosidad.

Hace medio año, recibí un mensaje que decía: —Qué alegría verle en un vídeo, don Pablo, después de tanto tiempo. ¿Se acuerda de mí?

La verdad es que no le recordaba para nada. Tenía edad de universitario con tatuajes por todos lados, hasta en la cara, pendientes y la foto de su perfil estaba en un pub oscuro con mucho humo. Les respondí que lo sentía, pero que de primeras no le recordaba, le pedía que diese más datos.

En el siguiente mensaje me dijo el nombre y el primer apellido, me aclaraba que había sido su profesor hacía más de 12 años. Rápidamente le contesté. Me acordé de su segundo apellido, de sus hermanos, padres... Pero había cambiado muchísimo la imagen que yo tenía de su cara.

Me pidió si podíamos quedar un día para charlar, le respondí que me encantaría. Me reveló que llevaba una vida muy alejada de Dios desde el principio de su adolescencia. Había visto mi vídeo hablando de Dios y había sido como un detonante. Tenía claro que quería volver a la fe, la que había recibido desde pequeño en su casa y después en el colegio. Pero los últimos años se había alejado por estar demasiado metido en el mundo de la noche. Llevaba abusando de la bebida, de las drogas y del sexo... Todo lo que los ambientes mundanos te dicen que es lo mejor para disfrutar la vida. Pero él estaba hastiado, quería dejarlo atrás.

Desde ese día empezó a mejorar de una manera increíble: se confesaba, rezaba, acudía a misa diaria, rezaba el rosario y practicaba muchas costumbres cristianas más. Dejó la oscuridad por la luz, la felicidad volvió a su vida. A sus amigos les decía que esa vida ya no la cambiaba por lo anterior. Con la ayuda de Dios pudo pasar en poco tiempo de los vicios a la gracia.

Tenemos que sacrificarnos para sacar buen contenido, también tener tiempo para escuchar y ayudar a las personas a que se acerquen a Dios.

2. 3. BUSCAR EL MOMENTO PROPICIO

No todos los días se puede pescar igual. Influye no solo la hora del día, sino también las épocas del año, el viento o la calma. El aire de un lado concreto puede favorecer el lance, pero del otro lado lo complica. Cuando era seminarista, teníamos libre un par de días al mes. Algunas veces me iba con otro compañero, que ahora es sacerdote, y un amigo común a Guetaria, un pueblo precioso de la costa vasca. Por la mañana yo aprovechaba para hacer surf en alguna playa cercana, mientras ellos pescaban en el puerto marítimo de dicho pueblo. A mediodía, después de salir del agua, me acercaba a donde ellos estaban con una cocinilla para preparar la comida. La delicia era si habían sacado algunos buenos peces, entonces teníamos una comida inmejorable.

Varias veces ellos me advertían que esos días eran perfectos para sacar sargos por la época del año, el viento…, y era increíble ver cómo de repente las aguas se agitaban y entraba en el puerto un banco con miles de peces que borboteaba todo el agua. En esas ocasiones ellos preparaban entre 5 y 10 anzuelos en la misma caña, cuando aparecían los miles de peces, picaban la mayoría de los anzuelos y era sorprendente ver cómo las cañas aguantaban el peso de esos peces tan recios cuando salían unos seis a la vez.

En nuestras publicaciones también tenemos que pensar muy bien a qué público queremos llegar para acertar. A principio de un curso escolar o de un año, podemos incidir en la organización de nuestro día, en la necesidad de realizar un curso de retiro. A final de curso, para aprovechar el tiempo de vacaciones. El Adviento es un momento para convertirnos en otro Cristo. Cerca de Navidad, hablaremos del trato con Jesús Niño, con la santísima trinidad de Nazaret. En la Cuaresma hablaremos mucho de oración, ayuno y limosna. En Semana Santa, de la unión a la Cruz. La Pascua es un momento para ser muy agradecidos y sonrientes sin olvidarse de la unión con el Espíritu Santo. En el mes de mayo y octubre, de acercarnos a nuestra Madre del cielo. Cada fiesta litúrgica tiene su sentido, como el domingo de la Divina Misericordia, el Corpus Christi, Pentecostés... Noviembre es el mes de los difuntos.

Este pasado mes de noviembre hablé en mis predicaciones y en las redes del libro *Sáquennos de aquí* de María Simma. Me llegó que unas 15 personas leyeron o escucharon esta obra. Esto me permitió poder hablar mucho del purgatorio a gente que no sabía de su existencia, varios me confesaron que les había marcado de por vida esta buena lectura. Desde ese día rezaron más por las almas del purgatorio y vivirían para no pasar por allí.

2. 4. APROVECHAR LAS MAREAS

Cuando entran o salen de los puertos marítimos, los barcos de gran calado deben tener en cuenta si la marea está en *alta mar* o no. Ya que si está en *baja mar* puede que toquen el fondo y que encallen. Las mareas también son muy importantes para los surfistas, pues hay playas que las olas funcionan mejor cuando sube la marea, o que solo se puede hacer surf dos horas antes y otras dos después de la baja. Si no se aprovechan esas horas, las olas rompen contra un acantilado y es imposible hacer surf.

En las redes sociales, hay que aprovechar también las diferentes mareas. Una de las más grandes son las JMJ (jornadas mundiales de la juventud), aunque hay otras muchas como las peregrinaciones, campañas solidarias, películas, libros, noticias, canciones, nombramientos, canonizaciones...

Con la publicación de la película *La sociedad de la nieve,* aproveché para hacer un audio. De pequeño leí *Viven,* la historia del equipo uruguayo de rugby, y el libro me cautivó. Unos jóvenes con una profunda fe católica, en un viaje hacia Chile. Su avión se estrella en los Andes. Están más de 70 días sufriendo no solo la nieve, sino mil penalidades. Los supervivientes con su fe y perseverancia pasaron de una pesadilla a una aventura. Murieron 29 y sobrevivieron 16. En el audio explicaba cómo los supervivientes tienen una persona que les ronda, a la que llaman el pasajero 17. Es una presencia que los acompaña en los momentos más peligrosos. Ese pasajero, piensan que es el mismo Jesucristo, el que pronunció la frase más trascendental de sus vidas: «nadie tiene más amor que el que da su vida por sus amigos»[24]. En el audio contaba alguna de estas cosas. Pero en el nombre del audio no hacía referencia a nada que tuviese que ver con los libros o la película. Para mí fue una sorpresa mayúscula cuando Carlitos Páez, uno de los protagonistas, con 324.000 seguidores, le dio *me gusta* al audio. Esto me llenó de ilusión y me llevó a intercambiar unos mensajes con uno de los dos supervivientes que decidieron dejar a sus compañeros en lo que había sido su refugio esos meses —los restos del avión», para abrirse paso a través de unas montañas que no conocían y que no estaban preparados para cruzar, y buscar a alguien que los rescatase.

Esta película y este audio, dieron pie para hablar muchísimo de Dios, de cómo habían sido capaces de sobrevivir, de la fe que muchos profesaban. Fue un momento grande de conversiones.

---

24 Jn 15, 13

2. 5. BUSCAR LOS PECES SELECTOS

Un verano fui a un embalse con un grupo de jóvenes para remar en unas canoas. Es un plan muy adecuado para pasar un día tranquilo refrescándose del calor. Sacamos ocho canoas dobles del remolque y las fuimos acercando a la orilla desde el aparcamiento. Nos sorprendió ver a unos pescadores con unos sensores en las cañas que les avisaban si algún pez picaba el anzuelo, pero todavía nos llamó más la atención cuando sacaron una especie de dron marino que mientras flotaba mandaba imágenes del interior de las aguas para ver si se acercaban los peces.

Nosotros nos alejamos un poco para no molestarles y no ahuyentarles los peces. Íbamos tres mayores y unos veinte chavales de unos quince años. Por tanto, no todos podíamos entrar en las canoas, sobraban 5 personas y nos turnamos para que todos pudiésemos disfrutar de las canoas.

En un momento en que dos mayores estábamos dentro del agua y el otro se había ido a la furgoneta a buscar la comida, los adolescentes que estaban en la orilla vieron su oportunidad. En ese momento detonaron un petardo muy grande que podía explotar dentro del agua, como así hizo. No sabíamos que uno de los chavales lo llevaba y cuando oímos el ruido desde varios kilómetros de distancia no sabíamos de qué se trataba. Cuando volvimos nos explicaron la bronca de aquellos pescadores que tenían tanta tecnología. Se enfadaron tanto que llamaron a la policía. Ya que un petardo de esos podía matar a unos cuantos peces por quitarles el oxígeno y espantar al resto. Cuando vino la policía entendieron que había sido una trastada y no nos denunciaron.

Al igual que estos pescadores con su tecnología, nosotros también podemos en ocasiones intentar llegar hasta los peces más selectos que hay en las redes sociales. Estos pueden ser *influencers*, políticos, deportistas..., para que se acerquen a Dios. Si ese tipo de personas se acercan a Dios, pueden tener una relevancia gigante ante de muchísimas personas.

En las Navidades pasadas tuve la suerte de conocer a una familia muy especial. El padre es español y la madre brasileña. Tienen seis hijos. El segundo de ellos es Leonardo Vinicius, que con once años participó en X-Game de Japón, que es el acontecimiento mundial más importante del mundo de deportes extremos. Él compite con su *skate* en rampa grande, de las que miden más de cuatro metros y son increíbles las acrobacias que hacen en ellas los profesionales. Leo que con su corta edad es capaz de volar por encima de los 7 metros. En esta competición era el más joven y sus rivales procedían de todo el mundo y de todas las edades. Leo ha seguido compitiendo por todo el mundo y es una auténtica promesa del *skate*.

En sus redes sociales pone una cruz para demostrar su fe. Los conocí por un amigo común. Cuando me presenté en su casa me llevaron a la rampa en la que entrena y me quedé pasmado al ver cómo maneja el monopatín un chaval tan joven. A mí me gusta ese deporte, pero nunca me he atrevido a tirarme desde tan alto. En el *skatepark* que más frecuento también había una rampa similar y solo una vez vi a un *skater* que osase tirarse desde tan alto.

Cuando me subí a la rampa para ver a Leo, gozaba viéndole sacar multitud de trucos. Pero hubo uno que me marcó, fue el «*Christ air*». Consiste en quedarse clavado en el aire imitando la figura de Cristo en la cruz. Subí un vídeo con este truco.

Cuando terminó de patinar, su padre me contaba que ese truco lo inventó Christian Hosoi, una de las leyendas de este deporte, que además era amigo suyo. Christian les había apoyado desde que Leo empezó a ser conocido gracias a su cuenta con decenas de miles de seguidores en las redes sociales, que se interesaban por un crío. Leo Vinicius era capaz de hacer los mismos trucos que los mejores profesionales.

Me contaron que la vida de Hosoi no fue para nada sencilla, desde joven destacó en el *skate* y la fama, junto con una infancia desequilibrada, le llevaron a una vida llena de adicciones a las drogas, mujeres, alcohol... Sin cumplir los 18 años ganaba más de 100.000 dólares al año y gastaba más de lo que tenía. Esto le llevó a tener que vender droga cuando era muy joven, hasta que la policía le encontró una gran cantidad de droga que pretendía transportar en un avión. Fue condenado a prisión y su paso por la cárcel le llevó a cambiar de vida, se acercó a Jesús gracias a la Biblia. Desde ese momento decidió que su vida fuese encaminada a Jesucristo. Ya han pasado décadas y no ha cambiado su rumbo, como se puede ver en sus entrevistas, en sus redes sociales. El «*Christ air*» era el truco que más orgulloso estaba de haber hecho por todo lo que significaba en su vida.

Estoy seguro de que este tipo de personas relevantes, como Hosoi y Leo, pueden ayudar muchísimo a que otros se acerquen a Dios. Ser cristiano no está reservado a los estereotipos de personas mayores, gente que no sale de sus parroquias, sino que cualquier persona con valores puede ser seguidor de Cristo y nosotros somos los que tenemos que encargarnos de llenar las redes para conseguir que más almas se salven.

2. 6. UN HOMBRE EN EL AGUA

No hay nada más peligroso en una travesía en barco, durante una tormenta, que el que un hombre caiga al agua. La poca maniobrabilidad de las naves en esas circunstancias y más si hay poca visibilidad, hacen que los intentos en muchos casos sean ímprobos. Salvar a esas personas no es faena baladí.

Cuando a una persona la salvas de un probable ahogamiento, te lo agradece de por vida. El mar engaña mucho, hay que conocer muy bien cada playa para entender cómo funcionan las corrientes con las distintas mareas y diferentes flujos de oleaje. Varios amigos míos han muerto ahogados y según los forenses, es la peor de las muertes habituales después de morir quemado.

A los surfistas nos ha tocado algunas veces salvar personas en el mar y sacarlas a la orilla. En una de las tres ocasiones que he entrado al mar a rescatar a alguien, fue un día con olas muy grandes en octubre. En esa época no hay socorristas en las playas del norte de España. Después de estar casi dos horas en el agua, había ido a mi furgoneta a comer algo para reponer fuerzas. Al empezar con los primeros bocados vinieron varios a pedirme si podía entrar en la playa para rescatar a una persona, ya que yo estaba vestido con el neopreno y tenía mi tabla a mis pies. Me contaron que se había metido a darse un simple baño y la corriente lo había llevado para dentro.

Cuando llegamos a la orilla pregunté dónde estaba. Ellos me dijeron que no le habían podido ver cuando traspasó la primera barrera de las olas. El mar estaba muy blanco a consecuencia de la fuerza de las olas. Entré todo lo rápido que pude mientras me encomendaba a mi Ángel de la Guarda y al de la otra persona. Al llegar a la altura de las primeras olas miré y no veía por dónde podía estar, había muchísimas olas desordenadas, no había nadie más haciendo surf. Fue un rato difícil, seguí avanzando un rato que se me hizo eterno hasta que vi al universitario que apenas tenía fuerzas para mantenerse a flote. Cuando llegué le dejé la tabla, que siempre es un buen flotador. Cuando se calmó un poco salimos los dos con la primera ola, casi sin ningún esfuerzo, ya que esas olas eran grandes y tenían mucha fuerza para arrastrarnos tumbados encima de la tabla.

El pobre tenía una cara pálida del susto, había pasado frío y estaba tiritando. Pero no paró de agradecerme la ayuda que le presté.

Para él le había salvado la vida, pero cuando recuerdo este hecho, pienso que lo realmente importante es salvarnos del infierno. «Se puso junto a mí: lo libraré; lo protegeré porque conoce mi nombre; me invocará y lo escucharé»[25]. Debemos rezar a Jesús para que libre del mal a la gente.

---

25 Salmo 91, 14-15

Los cristianos procuramos que las personas no se condenen, pretendemos que ganen la vida eterna. Somos socorristas de la calle y de las redes sociales. Enseñamos a muchos el camino de la salvación. En nuestras redes queremos meter a esas personas que están ahogándose por las profundidades de las plataformas digitales, para esto es conveniente extender nuestras redes y llegar a personas en el trato habitual de las interacciones en las redes.

Hace un año me escribió un joven. Estaba cansado de la vida que llevaba, tenía mal enfocada su sexualidad. Me pedía ayuda para descubrir su masculinidad y poder seguir el camino de Jesús. A este tipo de personas hay que dedicarles mucho tiempo, muchísimos mensajes, derivarles a una dirección espiritual y a las costumbres cristianas. Hoy en día tiene un gran amor a Jesucristo y a la Virgen, ha adquirido las costumbres cristianas, sigue buscando el camino de encajar de manera plena su masculinidad. Ahora está muy contento, luchando por mejorar día a día. Él ha dejado atrás unas costumbres que no quiere ni recordar, le causaban muchísimo dolor, se sentía vacío, aislado, incompleto, incomprendido... Mientras que ahora sonríe, puede mirar a la cara a su familia, a los amigos de siempre de los que se había alejado. Su vida ha dado un gran vuelco.

3.
El mejor barco con el peor casco

Todos hemos comprado en diferentes establecimientos. Los dependientes que nos hemos encontrado han podido ser agradables o antipáticos, han podido atendernos con calma o con mucha prisa, con una sonrisa o enfadados. Nos han aconsejado bien o a lo mejor no sabían lo suficiente sobre el producto que nos vendían, alguno incluso habrá querido engañarnos...

Los compradores nos dejamos sorprender por el exterior, el envoltorio y en ocasiones ese es el motivo para decantarnos por una compra. Muchas veces no acertamos con nuestras adquisiciones. Recuerdo una vez que compré un reproductor de música por una aplicación de segunda mano. Por fuera estaba genial, no tenía ningún arañazo. Quien lo vendía me aseguró que funcionaba a la perfección, cuando me llegó y lo probé, vi que no se encendía. El exterior estaba genial, pero no me servía para lo que yo lo quería.

Los cristianos tenemos que ofrecer nuestro producto que es Dios. En muchas ocasiones lo hacemos al revés que la que me vendió aquel reproductor musical. Nosotros tenemos el mejor contenido que ofrecer. Acercamos a Dios a la gente para que ellos alcancen la verdadera felicidad. Pero muchas veces no lo presentamos de la mejor manera, es decir, lo exterior no es llamativo o es incluso cutre. Los católicos en las redes sociales, en muchos casos, tenemos el mejor contenido con un mal envoltorio, nos falla lo exterior. Ofrecemos el mejor barco con el peor casco.

Si fuese a comprar un barco (no creo que nunca tenga esa necesidad) preferiría uno que exteriormente estuviese genial, pero con un motor que funcionase a la perfección. Los cristianos debemos esmerarnos en las redes sociales por hacer atractivo lo que ofrecemos, ya que hablamos de Dios, la Iglesia, los santos..., que son sagrados. No puede ser un contenido que dé pena, grima, risa... En definitiva, que sea ridículo.

No todos los cristianos debemos tener redes sociales. No a todos nos pide Dios que estemos presentes en las plataformas digitales. Yo aconsejo que utilicen estas cuentas las personas que pueden controlar las pantallas. La mayoría de la gente pierde demasiado tiempo. Algunos católicos, en lugar de ayudar a los demás, se están perjudicando ellos mismos con la adicción a las pantallas.

El día tiene veinticuatro horas. Ocho son para dormir. De las dieciséis restantes, si cuatro horas las empleamos en las pantallas con redes sociales, entretenimiento y ocio..., le estaríamos dedicando a lo digital una cuarta parte de nuestro día útil. Actualmente, es sencillo que una persona viva hasta ochenta años. Los que le dediquen una cuarta parte de su vida a mirar pantallas, estarían veinte años de su vida útil mirando un dispositivo electrónico. Y si le dedicase seis horas al día... Haz la cuenta.

San Pablo nos anima ser libres: «Para la libertad nos ha liberado Cristo. Manteneos, pues, firmes, y no dejéis que vuelvan a someteros a yugos de esclavitud[26]». Los malos hábitos en las pantallas nos llevan a la esclavitud, a estar enganchados y no poder dejar de entrar compulsivamente en las redes sociales y en otras aplicaciones.

---

26 Gal 5, 1

3.1. DIQUE DE SAN JULIÁN

El Arsenal de Ferrol es un puerto marítimo militar del norte de España. Allí se encuentra el dique de San Julián. Fue construido en el s. XIX. En ese momento era el más grande del mundo y fue una gran obra de ingeniería.

Es un dique seco formado por gradas. Fue pensado para el momento de la embonada o de varar una embarcación, es decir, para el procedimiento de sacar del agua una embarcación para repararla o reforzarla. Utilizando la marea alta se introducía al barco en el dique esperando a que bajase la marea. Cuando el agua descendía se ponía una compuerta al extremo del dique que daba al mar. Con una bomba se quitaba el agua que quedase en el dique ya cerrado. De esta manera, ya fuera la nave del agua, se podía proceder al mantenimiento y reparación debajo de la línea de flotación. En la película del musical de *Los Miserables* se puede ver cómo se introducían los barcos.

Los cristianos también tenemos la necesidad de revisar nuestros contenidos. Podemos ayudarnos de personas con más formación que nosotros, para que nos inspeccionen el fondo de lo que subimos y la forma —que también es fundamental—. Para tener otra opinión, además de la propia, podemos compartir con personas de muy buen criterio lo que queremos añadir en nuestras redes. La apariencia exterior debe tener gran calidad, al igual que el mensaje interno.

Compartir nuestros recursos con otros es como sacar el barco del agua para revisarlo y cuando esté perfecto lanzarlo otra vez a las aguas.

Muchos amigos estarán encantados de hacer *feedback* de lo que les mandemos. De esta manera nuestros contenidos serán más atractivos y ayudaremos al público. Así, muchas personas al acercarse a Dios encontrarán alegría y felicidad.

3.2. MÁS PELIGROSO QUE LOS PIRATAS Y LAS BATALLAS

Los barcos necesitan un mantenimiento periódico. Los moluscos, como los percebes, o los temidos *shipworms* y las algas, son los principales objetos que se adhieren al casco. Estos seres vivos entorpecen la maniobrabilidad de los navíos, especialmente en los de vela.

Toda embarcación que ha estado en el mar necesita que se limpie a conciencia. Primero se lava con agua a presión. Después se lijan todas las imperfecciones. Al poco tiempo, se vuelve a limpiar con agua. Tras secarse se le aplica una capa sellante y, por último, la capa de pintura para proteger de esos elementos tan dañinos.

En la antigüedad tenían mucho miedo de algunas grandes especies marinas que poblaban los mares. Ellos pensaban que podrían naufragar por su causa. Muchos marinos murieron en alta mar sin saber que el origen de sus zozobras habían sido los diminutos *shipworms*. A estos moluscos en España se les llamó «broma» desde hace muchos siglos.

Estas larvas se adherían a la madera. Cuando crecían tenían la forma de gusano. Entonces, iban creciendo hasta ser poco más grandes que el ancho de la palma de una mano. Los dientes de su boca tienen mucha similitud con los taladros e iban agujereando las diferentes maderas.

Estos moluscos fueron la causa de más naufragios en el mar que las batallas navales, las tempestades y los piratas. Los barcos metálicos, claro, no tienen estos problemas.

Cuando subimos contenido a las redes sociales tenemos que comprobar que sea adecuado, verdadero y para nada descuidado. No podemos dejarnos llevar por el primer impulso. Si nosotros subimos rápidamente una noticia sin contrastarla, podemos crear bulos. Estos errores o la manera cutre de presentarlas pueden llevarnos a propagar una mentira. Para nuestras cuentas serían como los shipworms, perderían la credibilidad y se empezarían a hundir su relevancia.

Nuestros mensajes deben buscar lo correcto con la mejor manera de exhibirla. No para ganar seguidores o para no perderlos, sino por mostrar el gran mensaje que tenemos, para llegar más y mejor a las personas.

Yo recomiendo estar al día de las noticias de la Iglesia, seguir los mensajes del Santo Padre, de las Conferencias Episcopales, de los obispos. Leer varios medios digitales de prestigio. A la hora de subir una noticia lo propio es explicar de qué medio hemos conseguido la información.

A mí me ha pasado alguna vez que por «repostear» algo sin informarme lo suficiente, he contribuido a la expansión de ese bulo. Después pedí perdón por mi falta, ya que mi mensaje era engañoso. En estos casos podemos llegar a difamar, pero si nos equivocamos es mejor rectificar, exponer en público nuestro error. Muchas veces si controlamos la impulsividad de querer ser los primeros, o de las cuentas más incipientes en subir información, no caeremos en estos errores.

3.3. BOTADURA

Los cascos de los barcos se lanzan al agua en el momento que están preparados para surcar las aguas. Este proceso tiene el nombre de botadura. Como ya expuse: primero se construyen, luego se limpian, después les lijan su parte externa y al final, tras reparar pequeñas imperfecciones, los pintan para que resistan las temperaturas, el salitre y los moluscos. Así están aptos para una adecuada navegación.

El proceso de revisión es clave. Si no se ha comprobado bien, puede haber sorpresas como que un barco no flote. O que la línea de flotación no sea la adecuada... Cuando uno visita los astilleros en los que se arman los grandes buques, o si tiene la suerte de subir a una fragata o un portaaviones, percibe los innumerables detalles que hay para que todo funcione a la perfección.

Los pormenores más insignificantes son cruciales. Muchos vídeos muestran imágenes funestas del momento de la botadura. En bastantes imágenes se ve el deslizamiento trágico del barco al agua. En algunos casos falla la inclinación con la que son soltados, otros la velocidad, en otros casos la carga mal repartida produce que los barcos se vuelquen y vayan a pique.

Jesús habla sobre la importancia de cuidar los detalles pequeños: «El que es fiel en lo poco, también será fiel en lo mucho; y el que no es fiel en lo poco, tampoco lo será en lo mucho»[27]. Los cristianos tenemos la urgencia de cuidar hasta los detalles más nimios.

Este año estoy subiendo un audio al día en la aplicación católica de *Hallow* para hacer la oración. Esta *app* tiene más de 14.000.000 de descargas ahora mismo. Varios días en Cuaresma fue la aplicación más descargada en todo el mundo. En la final de la *Super Bowl* salió un anuncio de *Hallow* de treinta segundos en el que se invitaba a hacer la oración con actores muy famosos como por ejemplo Mark Wahlberg. Esta final es el acontecimiento televisivo más visto anualmente. Los treinta segundos del anuncio costaron unos 7.000.000 de dólares.

Hallow es la aplicación católica más descargada en el mundo. Pues bien, hace unos meses se pusieron en contacto conmigo. Desde el primer momento me llamó la atención su profesionalidad. Yo estaba acostumbrado a grabar mis audios con un micrófono que adaptaba a mi móvil o al ordenador. Ellos me pidieron si los audios los podía grabar en un estudio de grabación profesional.

Yo les contesté que no me resultaría nada cómodo. Ya que cuando tengo tiempo para grabar los audios es por la noche, al

27 Lc 16, 10

llegar a mi casa a partir de las diez. A esas horas los estudios están cerrados.

Los de *Hallow* no se rindieron. Me pidieron un vídeo de la habitación de mi casa donde quería grabar los audios y otro del exterior de mi vivienda para ver si era un lugar óptimo por los ruidos. Al poco tiempo me respondieron que me mandaban un *home estudio* profesional de grabación a mi casa, con seis paneles grandes acústicos para que no rebotase el sonido. Y que vendría un ingeniero de sonido desde los mismísimos Estados Unidos a mi casa en España para montarlo. Dicho y hecho. Ahora tengo una calidad increíble en los audios.

Esto es cuidar las cosas pequeñas.

Los católicos tenemos que hacer muy bien lo que nos propongamos, no por nosotros, sino por la fama del cristianismo. Tenemos que cuidar los detalles pequeños como lo hacía san José en su taller. Nadie se imagina que no fuese un buen profesional. O que le enseñase a su hijo Jesús a hacer chapuzas. El marido de María sería puntual en las entregas, sería amable. En los contenidos que subimos debemos intentar alcanzar muy buen nivel. Que nuestros contenidos sean atractivos.

Pascal expresaba en sus pensamientos: «Haz las cosas pequeñas como si fueran grandes, a causa de la majestad de Jesucristo, que las hace en nosotros, y que vive nuestra vida; y las grandes como si fueran pequeñas y fáciles, a causa de su omnipotencia». Con la ayuda de Jesús; esta tiene que ser la forma de funcionar de los católicos.

El valor de los actos no depende de la relevancia de dichas acciones. Si no de ser dóciles a las indicaciones divinas, aunque las cosas que nos tocan hacer nos parezcan nimias: «Nosotros ignoramos, pero Dios lo sabe, en qué medida hacen progresar su reinado sobre la tierra una santa Teresa de Lisieux, con solo elevar los ojos al cielo durante los golpes de tos de su última enfermedad; o una madre de familia anónima que le ofrece su pesada pena; o cualquier cura de aldea que se sorbe las lágrimas cuando celebra Misa ante tres solitarias mujerucas. La verdad es que, para la realización de los más grandes designios, Dios solo emplea unos menguados instrumentos, pero que, si obedecen dócilmente a su mano, con ellos transforma el mundo»[28].

Jesús cuenta con nosotros. Quiere que los contenidos que cometamos sean muy atrayentes en las redes para llegar mejor a las personas. Por eso, si cuidamos las cosas pequeñas, aunque nos resulte costoso, merecerá la pena.

3.4. ENDULZAR EL MOTOR

Un amigo le compró una moto de agua a un particular en invierno. No pudo probarla por el frío y porque estaba lejos del mar. Externamente, la moto estaba impecable, la pintura estaba genial, no tenía signos de deterioro. Mi amigo se fio del vendedor. Cuando la probó en verano después de siete meses desde que la compró, vio que el motor no tenía la presión suficiente para poder disfrutar de la moto en el agua.

Las motos de agua están concebidas para el agua dulce o salada. Pero si una moto que ha navegado en el mar no se endulza el motor con agua dulce; después de estar un tiempo parada se puede averiar.

Es decir, es adecuado meter agua dulce dentro del motor. Ya que el agua del mar se evapora dentro del motor. Muchas veces, se queda la humedad y la sal que entra en las válvulas de escape y puede llegar a oxidarlas. Con la consiguiente pérdida de presión y, por tanto, de potencia de navegación.

Los cristianos debemos tener buena formación. Todos tendríamos que sentir la urgencia de tener más conocimientos para compartirlos. No vendemos motos en mal estado, los cristianos tenemos que saber muy bien lo que vendemos. Debemos

28 Georges Chevrot. Las bienaventuranzas, p. 50

formarnos, que es endulzar el motor de nuestra mente, y así aclarar las buenas ideas.

En la sociedad actual hay muchas lagunas de conocimiento referentes a temas de bioética como el aborto, la eutanasia, la fecundación in vitro, los anticonceptivos; sobre temas sociales: la ruptura de la familia, el daño de la pornografía, la libertad de educación; sobre el relativismo, el dolor… Sobre algunas perniciosas costumbres sociales como el machismo, las apuestas, el racismo, el materialismo, el valor de la espera en el noviazgo…

Como exhortaba san Pablo VI: «El imperativo de actuar hoy y con urgencia procede de las necesidades que son verdaderamente inmensas para quien sabe darse cuenta… He aquí la hora de los laicos. Es preciso empezar a trabajar hoy mismo, porque tal es la ley de la conciencia cristiana»[29]. Los laicos tienen un protagonismo especial. No es una tarea exclusiva para personas consagradas a Dios.

Nuestra fe católica se apoya en la razón. Por tanto, podemos dar luz a cualquier cuestión humana. La iglesia debe ayudar a entender la realidad. Como seguía diciendo el santo Padre: «El arte del apostolado es arriesgado. La solicitud por acercarse a los hermanos no debe traducirse en una disminución de la verdad ... Solo el que es totalmente fiel a la doctrina de Cristo puede ser eficazmente apóstol. Y solo el que vive con plenitud la vocación cristiana puede estar inmunizado de los errores con los que se pone en contacto»[30].

En la web de jóvenes católicos y en las redes publicamos una carta de Pablo Rodas. Él es un padre católico con una familia numerosa. Su familia ha sufrido mucho. Hace dos años perdieron a su hijo Jaime con 7 años. Yo concelebré el funeral y fue increíble la entereza y la fe de toda la familia. La carta que viene a continuación la escribe a los pies de la cama del hospital

29 Pablo VI. Eclesiam Suam.

30 Pablo VI. Eclesiam Suam.

donde está con su hijo Álvaro de seis años. El pequeño de la familia está sufriendo la misma enfermedad autoinmune que llevó al cielo a su hermano Jaime. Los médicos han probado con siete tratamientos, ninguno funciona, ahora van a probar dos experimentales. Álvaro está más cerca de subir al cielo con Dios, y con Jaime, que de quedarse con su familia. Su padre Pablo escribe:

> Sí, el sufrimiento en el plano conceptual está de moda. Muchos son los que se levantan temprano para salir a correr, los que siguen una dieta para estar delgados, incluso hay un cierto renacimiento de la cultura estoica. Es buscar la incomodidad, conscientemente, para mejorar nuestra vida.
>
> Pero cuando llega un sufrimiento no buscado, inesperado y, por ello, inoportuno, nos descomponemos y nos enfadamos con la vida y con todo lo que nos rodea. No lo aceptamos porque «esto no estaba previsto». Como si la vida fuera previsible en todos sus aspectos...
>
> Sin desmerecer el sufrimiento buscado, el que llega sin pedir permiso es el que más nos ayuda a crecer, siempre que luchemos por hacerlo nuestro e incorporarlo a nuestra vida. Todos sabemos que el sufrimiento llegará tarde o temprano a nuestra vida. El problema, muchas veces, es que llega en la forma y en el tiempo que «no nos viene bien».
>
> No soy ningún experto, pero es verdad que he sufrido y estoy sufriendo uno de los peores sufrimientos que, como padre, se pueden tener. Hace dos años falleció mi hijo Jaime con 7 años y ahora estamos en el hospital con otro hijo que ha tenido un trasplante de médula y que se ha ido complicando poco a poco cada día un poquito más. De hecho, estas líneas las escribo desde el hospital, al lado de la cama de mi hijo.
>
> Para sobrevivir a estos sufrimientos, la verdad es que he hecho y estoy haciendo lo que puedo... No he seguido ninguna guía para superarlos y, muchas veces, me he perdido en mi propio dolor. Es decir, me he equivocado muchas veces y no he incorporado ese sufrimiento a mi vida y lo he intentado apartar. Vamos, que no soy ejemplo de nada.

Pero sí que puedo identificar algunas cosas que me han ayudado a llevar mejor el sufrimiento y el dolor:

1. Lo primero, aunque parece un tópico, la familia. Cuando un miembro de la familia sufre, todos sufren, y es muy bonito poder hablar de cómo nos sentimos en la intimidad familiar, sin tapujos y sin sentirse juzgado.

2. El deporte. Para mí es vital, para otros puede ser leer un libro, pasear por el campo... En definitiva se trata de seguir haciendo las cosas que te gustan y que, en el fondo, lo que hacen es que descanses tu cabeza y tu cuerpo.

3. Rezar. Sí, suena muy arcaico y como pasado de moda, pero saber que hay Alguien que te escucha íntimamente, en lo escondido de tu corazón y al que le importas realmente, es muy consolador y de una eficacia eterna.

Así, con más errores que aciertos, estoy intentando sobrevivir a los sufrimientos y estoy intentando que estos sufrimientos sirvan para ser más humano, más cariñoso, más cercano... En definitiva, que me sirvan para amar más»[31].

Esta carta le sirvió a mucha gente para entender el sufrimiento y cómo poder afrontarlo mejor. Una persona que no tenía fe me dijo. «Después de leer este testimonio me doy cuenta de que ser católico es la mejor manera de enfrentarte al dolor». Me preguntaba también cómo podía tener la misma unión con Dios que este padre, que preparó tan bien a su hijo y a su familia para afrontar la muerte de su segundo hijo a los pocos días de escribir estas letras tan profundas.

Los cristianos nos tenemos que formar continuamente para responder a las grandes preguntas humanas. Y cuando encontramos joyas como esta carta y este ejemplo, si a los autores les parece bien, es adecuado exponerlas al público.

31 https://www.jovenescatolicos.es/2024/05/10/desde-el-sufrimiento-carta-del-padre-de-alvaro/

Los católicos tenemos que dar respuesta a los grandes anhelos y las grandes preguntas de los hombres.

3.5. LA INSIGNIA

En la popa los barcos tienen que llevar la bandera mientras es de día. Este requisito es imprescindible para navegar. En el mundo hay muchos emblemas famosos de marcas tecnológicas, refrescos, bebidas energéticas, cosméticos, vehículos... Pero el símbolo más conocido en todo el planeta es la cruz. En cualquier parte el mundo la han visto y saben que es el símbolo de los cristianos.

Santa Elena fue la primera persona que se interesó por buscar la Cruz. Y a final del tercer siglo se cruzó medio mundo para ir a donde había muerto Jesucristo. Ella era la emperatriz de Roma por ser la madre del emperador Constantino[32] y tuvo un gran papel en el fin de la persecución a los primeros cristianos.

Santa Elena se convirtió al cristianismo siendo ya mayor. Su hijo seguía las divinidades que le había inculcado su padre. Él rezaba a los dioses romanos. La anciana partió a Jerusalén para buscar la Santa Cruz. San Juan Crisóstomo y san Ambrosio en el siglo IV, narraron las múltiples excavaciones que la santa ordenó perforar en el Gólgota. Tres cruces aparecieron, pero ni ella ni el obispo de tierra santa, Macario, se decantaban por cuál era la verdadera. El religioso y la emperatriz acordaron que una mujer agonizante se acercara a cada una de las cruces para dilucidar cuál era la verdadera. Esta señora empeoró al tocar las dos primeras cruces, sin embargo, cuando tocó la tercera se recuperó milagrosamente. Milagro. Ya sabían cuál

32 Cf. Louis de Wohl. El árbol viviente.

era la Cruz de Cristo. Rodeada de miles de personas llevaron la Santa Cruz (*Lignum Crucis*) en procesión por toda la ciudad.

Esta reliquia tan preciada se ha ido desmenuzando en astillas para repartir entre algunos afortunados. La parte más grande que se conserva está en España, en Santo Toribio de Liébana.

Bastantes siglos más tarde, un tal Zwinglio extendió el protestantismo en Suiza. Él quería desprestigiar a los católicos y se sirvió de esta tradición de venerar la Cruz. El suizo afirmó que si se juntasen todos los *Lignum Crucis* repartidos por iglesias y por las casas, se podría construir un gran barco. Esa afirmación todavía se puede oír por ahí…

Los expertos en sindonología de este siglo se han molestado en medir y clasificar todas las porciones de la santa reliquia que existen. La realidad es que entre todos los trozos encontrados no se podría formar ni siquiera el madero horizontal.

El emperador Constantino, el hijo de santa Elena, tuvo una visión. Fue previa a una batalla contra Majencio, el 12 de octubre del año 312, en el puente Milvio. El soberano vio una cruz en el cielo por encima del sol con la siguiente inscripción «*In hoc signo vinces*»[33]. Que significa: Con este signo vencerás.

Constantino no entendió el significado hasta el día siguiente. Mientras dormía soñó que Jesús le explicaba que con la Cruz vencería a sus enemigos en la batalla del próximo día, como así fue. Al año siguiente, el emperador dictó el edicto en Milán por el que desde entonces se toleraba el cristianismo en el Imperio romano. Un poco antes de morir pidió el bautismo.

Los cristianos tenemos que hacer gala de nuestros signos; sobre todo la cruz, imágenes, conocimientos y tradiciones. Así, ensalzaremos la verdad que defendemos. Las personas están deseando conocer la verdad.

---

33 Cf. Eusebio de Cesarea. Vita Constantini.

Álvar nació en una familia plenamente atea. No le habían inculcado ninguna tradición cristiana. Pero él leía mucho, había leído a los clásicos rusos y otras grandes obras de la literatura. Él buscaba la verdad. Fruto de esas inquietudes, Álvar se había acercado a los budistas y estaba viviendo sus costumbres.

Un día entró en la catedral salmantina de Ciudad Rodrigo, de donde era su familia. Se acercó a la Cruz y viendo al Cristo, comprendió lo que había leído en los libros. Jesús había muerto para salvarnos. Álvar sintió una presencia muy grande de Dios entre la cruz y el sagrario. Le produjo una paz como nunca la había tenido. En ese momento se arrodilló y empezó a llorar. No sabe el tiempo que duró lamentando el no haber conocido antes a Jesús.

Cuando salió de la catedral, empezó a buscar en internet: *Jesús, Iglesia, catolicismo, mandamientos, cómo entrar en la iglesia…* Él tenía ya la idea clara de bautizarse. Se había encontrado con Cristo y quería seguirle. Empezó a buscar por internet los distintos carismas de la iglesia. Fue a conocer algunos, pero no veía que ninguno de ellos fuese su sitio. Álvar se quedó impresionado con la figura de san Josemaría Escrivá de Balaguer por medio de los escritos y de los vídeos breves que le salían en las redes sociales. Le pareció que el santo estaba enamorado con locura de Dios y pensó: «Yo quiero ser como él».

Buscó información del fundador del Opus Dei y escribió a su página web. Álvar quería conocer a alguien de esta institución. Como vivía en Madrid lo derivaron al centro del Opus Dei más cercano de su casa. Se puso en contacto con el director de este centro que era Sergio Lechuga. Los dos conversaron, convinieron que tenía que formarse para bautizarse. Empezó también a hablar conmigo que era el sacerdote de ese centro. Él, además de la dirección espiritual, recibía semanalmente su formación.

Al poco tiempo descubrió el valor de la Santa Misa, todos los días leía o ayudaba en su parroquia, hizo un curso de retiro, un Camino de Santiago… Los fines de semana dejó las fiestas de etiqueta de adolescentes para ayudar en un comedor de indigentes y en una casa de enfermos de Sida con las *Sisters* (las hermanas Misioneras de la Caridad) de Santa Teresa de Calcuta. Álvar descubrió la felicidad cerca de Jesús y entregándose a los demás.

Después de más de un año de formación, recibió el bautismo, la confirmación y la comunión, los sacramentos de iniciación, en una misma ceremonia. Fue un día muy especial. Ahora está estudiando en el seminario de Oviedo. Álvar está rezando para confirmar si Dios le llama al sacerdocio.

Los cristianos tenemos que alardear de la Cruz. El símbolo más conocido mundialmente. No podemos avergonzarnos de ella. La Cruz fue la llave que utilizó Jesucristo para abrir el cielo. Como decía Benedicto XVI: «Con la cruz, Jesús ha abierto de par en par la puerta de Dios, la puerta entre Dios y los hombres. Ahora ya está abierta. Pero también desde el otro lado, el Señor llama con su cruz: llama a las puertas del mundo, a las puertas de nuestro corazón, que con tanta frecuencia y en tan gran número están cerradas para Dios»[34]. Que abramos nuestra vida y nuestras redes sociales a mostrar nuestra fe, nuestra Cruz para que mucha gente como Álvar se acerque a Dios.

34 Benedicto XVI. 2007. Domingo de Ramos

4. La lonja

Las lonjas son los mercados para comerciar con lo que los barcos han recogido en el mar. Están situadas en los puertos marítimos. En la mayoría de ellas cualquier persona puede comprar el pescado. Existen diferentes modos de venta: subasta subiendo el precio, o al revés, precio cerrado, por lotes...

Hay un dicho que afirma: «Del mar el mero y de la tierra el cordero» para destacar los animales más sabrosos de cada parte del planeta. Así que el mejor producto del mar es el mero, aunque yo añadiría también el marisco, y de la tierra, una buena ternera...

Los clientes de las lonjas pueden ser pescaderos, particulares, restaurantes o grandes empresas. Algunos extranjeros vienen a comprar los productos en las lonjas más importantes de España. Muchos son japoneses, que después de adquirir el suculento producto lo trasladan en avión a su país. Valoran el pescado muchísimo más que el resto del mundo.

Todos tenemos experiencia en comprar en diferentes tiendas. Nos gustan especialmente las que cuidan el género que venden y nos tratan bien. Sin embargo, cuando alguien nos ha engañado, ya no volvemos a esa tienda.

Los cristianos en las redes sociales estamos ofreciendo el mejor producto del mundo. Estamos presentando a Jesucristo. Las personas que se interesen y lo incorporen en sus vidas serán muy dichosas. Los cristianos no engañamos, no vendemos pescado en descomposición.

Jesús nos dice en el Evangelio: «Lo que habéis recibido gratis, dadlo gratis»[35]. Por tanto, nosotros los cristianos asumimos esta premisa y tenemos que compartirla en nuestra vida corriente y también en las distintas plataformas que utilicemos.

Para convencer al resto, tenemos que vivir con coherencia nuestra fe. A san Francisco de Asís se le atribuye esta frase: «Predica el evangelio en todo momento, y si es necesario, usa las palabras». Nosotros tenemos que ser personas íntegras. Si no vivimos la moral y las costumbres católicas, no arrastraremos a las personas a la Iglesia.

Jesús, hablando de los escribas y fariseos, nos pide que no les imitemos en lo que piden a los demás, pero ellos no cumplen: «Atan cargas pesadas y difíciles de llevar, y las ponen sobre las espaldas de los hombres, pero ellos ni con un dedo quieren moverlas»[36].

En *jóvenes católicos* estamos muy felices porque el año pasado la Conferencia Episcopal Española nos galardonó con el premio de la mejor cuenta católica en redes sociales de todo ese curso. En esta cuenta no solo estamos los cuatro que ya he nombrado con anterioridad (don Fernando, Manu, Mariazzel y yo). También nos ayudan diferentes personas de distintos modos, más de cien sacerdotes grabando audios, muchísimos jóvenes con sus vídeos, *tips*, canciones, testimonios…

Una de nuestras colaboradoras es Águeda Rey, que nos escribe sus fases en la vida. Es una mujer católica que está afrontando una enfermedad degenerativa que la va mermando a un ritmo vertiginoso, el ELA. Pero ella no pierde la paz ni la esperanza. Es un gran ejemplo de integridad cristiana. Su segundo de sus artículos tenía el título: *Elegí la cruz libremente:*

35 Mt 10, 8
36 Mt 23, 4

Quiero presentarme antes de desarrollar mi segundo artículo para Jóvenes Católicos, porque no lo hice al principio. Me llamo Águeda y lo que me define, lo que hace que yo sea yo y me configura esencialmente, es que soy hija de Dios, católica y casada con Alejandro. Tenemos tres hijos y el mayor recién casado con la nuera mejor que se puede tener. Nuestra vida es muy feliz, aunque las circunstancias son duras. Yo estoy enferma de ELA y ya no muevo ningún músculo de cuello para abajo; respiro gracias a una máquina y me alimento por una sonda que sale de mi tripa. Aún puedo hablar, pero es más un balbuceo que otra cosa. Todo esto último no me configura, pero sí me condiciona. Es mi cruz más visible.

Cuento esto porque, si en mi primer artículo (El camino que lleva al Cielo) hablaba de la obediencia para no caer en la tibieza y salirse del camino, en este quiero hablar de la elección de la cruz —mi cruz— como siguiente paso para llegar al Cielo; o mejor aún, para vivir ya aquí el Cielo.

Para Jesús la obediencia era vital, estructural: «mi alimento es hacer la voluntad del que me envió» (Jn 4, 34). Pero esa obediencia no anula su libertad: «nadie me la quita [la vida], sino que yo la entrego libremente» (Jn 10, 18). Aunque Jesús hace siempre la voluntad de Dios, no por eso muere obligado o resignado. Él elige libremente ir a la cruz, aunque no pudiera —o mejor dicho, no conviniera— hacer otra cosa.

Cuando fui diagnosticada de ELA pasé por varias fases, primero el miedo, que dio paso a la negación y compartieron protagonismo bastante tiempo. Después, por fin, la aceptación, que entiendo como algo que se parece —solo se parece— a la aceptación de Jesús de la voluntad del padre: «pase de mí este cáliz, pero no se haga como yo quiero sino como quieres tú» (Mt 26, 39). Era la mía una aceptación resignada, «no me queda otra». La de Jesús, en cambio, no es resignación, porque no pudiera luchar contra la muerte, sino puro amor al Padre y a los hombres, que le lleva a obedecer, a seguir el guion; Él mismo lo aclara en Jn 14, 31: «no es que él [el príncipe de este mundo] tenga poder sobre mí, pero es necesario que el mundo comprenda que yo amo al Padre».

En cierto momento en el que fui muy consciente —hasta las lágrimas— de lo en deuda que estaba con Dios, sé que dije a Jesús: «¿Qué puedo hacer por Ti? Aquí estoy para hacer tu voluntad». No era un sentirse en deuda y necesitar saldarla para quedar liberada, sino necesitar corresponder por amor y desear quedar eternamente encadenada. Y Jesús me concedió la gracia de desear convertir la enfermedad en oportunidad de trabajar por el Reino. Y dije: «hágase»; elegí la cruz libremente; esto te permite abrazarla amorosamente y, aunque no cesen los sufrimientos, se vuelven gozosos por saberte unido de forma misteriosa a los padecimientos de Jesús y, por tanto, corredentor con Él; es tal el gozo que creo que saboreas un poco de Cielo.

Esto no es algo calculado, racional, voluntario. Nada más lejos. Todo es gracia y nada más que gracia. Inmerecida siempre. La única aportación es la apertura del corazón, y el hágase, al que yo llamo «presentarse voluntario», elegir la cruz.

Pero que nadie piense que uno se instala en la elección de la cruz y ya está. ¡No! Es una lucha minuto a minuto por no volver a la resignación y el victimismo.

Y te caes muchas veces, pero no te dejas vencer porque ya has estado en el Cielo y porque Aquel a quien estás «encadenada», te asiste siempre con Su gracia»[37].

Águeda nos da un gran ejemplo de integridad cristiana. Un auténtico ejemplo de cómo tenemos que vivir los cristianos la enfermedad. Leyendo los artículos de Águeda y viendo su alegría en la enfermedad, se puede llegar a entender la frase de la «alegría tiene sus raíces en forma de Cruz»[38].

Los cristianos en las redes no debemos querer aparentar. Tenemos que presentar nuestra vida cerca de Dios tal como es. Resulta conveniente contar nuestras luchas y nuestra felicidad

37 https://www.jovenescatolicos.es/2023/05/15/agueda-tiene-ela-elegi-la-cruz-libremente/

38 Josemaría Escrivá. Forja 28

cuando estamos cumpliendo el plan de Dios. Si somos verdaderos conmoveremos. Pero si vivimos para aparentar, el famoso *postureo*, lo acabarán notando las personas que nos sigan o nosotros estaremos tristes por dentro.

Es bueno que recomendemos lo que a nosotros nos ha servido para estar cerca de Dios, no teorías o planteamientos que no hemos asumido en nuestra vida cotidiana.

4.1. 153 PECES GRANDES

Jesús resucitado se presenta en el lago de Genesaret cuando están saliendo algunos apóstoles, sin haber pescado nada en toda la noche. Pero les pide que echen la red a la derecha. Los discípulos le obedecen y cuenta el evangelio que, «Simón Pedro subió a la barca y arrastró hasta la orilla la red repleta de peces grandes: ciento cincuenta y tres. Y aunque eran tantos, no se rompió la red»[39].

El número 153, tiene multitud de interpretaciones. Es un número triangular, si se colocan todos los números en un triángulo equilátero gigante encajarían, como las bolas numeradas del billar al empezar cada partida, pero con muchos más números. La interpretación que más me interesa es la del gran exégeta san Jerónimo. Él afirmaba que esa cantidad era el número de especies diferentes de peces que conocían los zoólogos griegos en esa época[40]. Con este argumento mostraba que Jesús quería dar a entender que el mensaje cristiano no era solo para los judíos, sino para todas las personas del mundo, de cualquier raza, posición social, cualidad humana…

Todas las mañanas, sobre las 7, envío un mensaje por los grupos de mensajería con el audio del día. A veces añadimos más

---

39 Jn 21, 11

40 Comentario a Ez 47,6-12 (PL 25, 474C)

audios, artículos, retos… Les llega a varias decenas de miles de personas. Hoy me ha respondido uno de esos contactos de los grupos. A la mayoría no los conozco, ni tenemos ningún amigo en común. Después de presentarse me explica que es del Líbano. Nos agradece a los sacerdotes los audios que enviamos todas las mañanas para poder hablar con Jesús. Las redes sociales nos abren un horizonte casi infinito de apostolado.

Jesús nos pide en el momento de su Ascensión, «Id al mundo entero y proclamad el Evangelio»[41]. El Mesías no nos pide que nos quedemos en nuestra casa cómodamente, donde nos encontremos seguros. Nos urge a llegar a todas las personas. Los cristianos debemos mostrar a Cristo al mundo. No es una tarea exclusiva de personas consagradas a Dios. Los laicos tenéis que asumir esta necesidad. Los laicos están en todos los ambientes.

Una de las frases más famosas del pontificado del papa Francisco es la que nos pide «salir a las periferias». Es preciso que los cristianos vayamos a buscar a los alejados, aunque sea a los lugares más apartados. En otra ocasión pedía en la vigilia de la JMJ: «Queridos jóvenes, por favor, no balconeen la vida, métanse en ella, Jesús no se quedó en el balcón, se metió; no balconeen la vida, métanse en ella como hizo Jesús». No hay que quedarse mirando cómo está el mundo desde nuestra posición. Debemos intentar mejorar la vida. Nos animaba a *no mirar los toros desde la barrera*, como se dice en España. Tenemos que bajar al ruedo del mundo.

La historia de san Francisco Javier es portentosa[42]. El valiente navarro dejó una vida cómoda para hacer apostolado por medio mundo. San Ignacio de Loyola le ayudó a elevar las miras de su vida mediocre. La frase evangélica que le sirvió de acicate para dar un giro a su vida fue, «de qué le servirá a

41 Mc 16, 15

42 Cf. Louis de Wohl. *El oriente en llamas.*

un hombre ganar el mundo entero, si pierde su alma»[43]. San Ignacio fue un gran impulsor del cristianismo, al igual que su discípulo navarro.

San Francisco subió a un barco en Portugal para extender su fe en la India, Filipinas, Japón…, murió de pulmonía a las puertas de China. Algunos días bautizaba a miles de niños, después de sumergirles en el agua bendita no tenía fuerzas ni para levantar los brazos y eso que era muy recio. El navarro llevó a Jesucristo hasta el último rincón que pudo, vio miles y miles de conversiones.

Los cristianos también tenemos que continuar la tarea apostólica que nos pidió Jesús. Además, «Id al mundo entero y proclamad el Evangelio»[44], son las últimas palabras que pronunció a los apóstoles. Los católicos del siglo XXI, tenemos que hablar de Él en nuestra vida cotidiana y en las redes sociales. Gracias a internet podemos llegar a muchísimas personas de todos los países y de toda condición social. Lo tenemos mucho más fácil que en cualquier otro siglo para llegar a más personas de todo el mundo por medio de los medios digitales.

Estar presente en las redes te permite conocer a personas increíbles. Por ejemplo deportistas del primer nivel de diferentes modalidades. Nosotros conocimos a Cristian Carracedo. Actualmente, juega en el Córdoba en la segunda división española, le pedimos que nos grabase su testimonio y aquí te lo dejo[45]:

43 Mt 16, 26

44 Jn 21, 11

45 https://www.youtube.com/watch?v=cLYsrrL6Jgc

4. 2. EL MEJOR PRODUCTO

Para mí, los seres marinos más sabrosos son el mero y el marisco, como antes dije. Pero tengo que añadir en el pódium al atún rojo. Aunque cada persona tiene sus preferencias.

Muchos años en Navidad, hago un voluntariado con universitarios. En él también tenemos formación y practicamos deporte. Durante una semana vamos algunas mañanas a la cárcel de Algeciras (sur de España) para acompañar a los presos. Entramos dentro de los distintos módulos para acompañarlos, charlar con ellos, jugar a las cartas… También les hablamos de nuestra fe y rezamos con muchos presos.

En la cárcel se ven conversiones increíbles, aunque también casos muy dolorosos de injusticias, personas endemoniadas… Uno de los presos había asesinado a varias personas. Como preso era cruel con los demás, su vida era un asco. Un día se interesó por hablar con el capellán. Desde ese día cambió, se encontró con Jesucristo.

El recluso pidió perdón a las familias que había dañado. Todos los días reza por las mañanas en la capilla del presidio más de 20 minutos. A mitad de la noche se despierta en su turno para acompañar al Santísimo desde su celda. Cada año, cuando me ve, me da un fuerte abrazo. Un día me decía: «Aunque me quedan muchos años aquí metido, soy libre gracias a haber encontrado a Dios». Lo decía de verdad, se veía en sus ojos.

En esos días de convivencia también aprovechamos para hacer excursiones y si hay olas vamos a la playa del Palmar a hacer surf. Mi amigo Boris alguna vez se viene y siempre nos alojamos en su casa de Zahara de los Atunes.

Zahara es un pueblo lleno de encanto. Casi en el extremo sur de España. Sus casas son preciosas, sus playas infinitas, se puede ver África e ir andando hasta la asombrosa playa de

Bolonia con sus dunas y ruinas romanas. Pero lo más singular de este pueblo es cómo se dedican a pescar los atunes.

Este pueblo está al lado del estrecho de Gibraltar, donde casi se toca Europa con África y, por tanto, es el embudo de dos grandes masas de agua: el mar Mediterráneo y el océano Atlántico. Los pescadores de Zahara han depurado la técnica milenaria de la almadraba para atrapar a los atunes rojos cuando marchan de un mar al otro. Consiste en ponerse a meter al banco de peces dentro de una gran red. Esta gran malla se coloca entre varios barcos.

Al principio las naves están lejos. Pero según van haciendo el cerco de la red más estrecho al acercarse los barcos, se empieza a ver cómo borbotea el agua cada vez más. Hasta que los barcos se juntan del todo formando una rotonda grande con la red en medio. Los atunes que están dentro de la red levantan tanta agua que solo se ve espuma y los cuerpos de los peces gigantes. En el momento previsto, algunos marineros bajan a la red con grandes ganchos y levantan a los atunes que pesan cerca de 200 kg. Los marineros que permanecen en los barcos les ayudan a elevarlos hasta las embarcaciones.

Los japoneses fueron capaces de pagar 2.600.000,00 de euros por un atún de 278 kg en su primera subasta del año 2019, en la lonja de Tokio. Los nipones siempre están presentes en las lonjas de las almadrabas para llevarse las partes más preciadas de los atunes.

Los católicos en las redes sociales tenemos que conseguir que entren muchos alejados de la fe, agnósticos, ateos…, y ofrecer el mejor producto de la tierra que es Jesucristo. Cuando las personas lo adquieran en sus vidas serán muy dichosas. Como le pasa a mi amigo el asesino de la cárcel de Algeciras, y a otros muchos de esa cárcel y de tantos rincones del mundo. Cerca de Jesús se vive en libertad.

4. 3. EXCELENTES VENDEDORES

No solo tenemos que conseguir el mejor producto, sino también ofrecerlo de la mejor manera. Jesús fue una persona a la que los demás siempre acudían, porque su personalidad era muy atractiva. Al Mesías le imaginamos como bondadoso, sonriente, amable, caritativo, paciente..., con todas las virtudes posibles. Los cristianos tenemos que ofrecer con ilusión a Jesucristo de la misma manera.

Para conocer a Jesucristo tenemos que mostrarlo con los pasajes del Evangelio, con las obras de arte que han querido darle culto... Pero sobre todo haciendo una buena catequesis de la Santa Misa y de las adoraciones eucarísticas.

Al poco de ordenarme sacerdote un amigo me pidió si le podía casar, le hice esta pregunta sabiendo que su novia (en aquel momento era andaluza). Me respondió que en Cádiz y que sería aprovechando el puente que tenemos en mayo en Madrid, que suele tener 4 o 5 días, dependiendo del año. Lo consulté y le respondí a los dos días, diciendo que les casaría con muchísima ilusión. Además, aprovecharía esos días para hacer una convivencia con jóvenes en esa preciosa ciudad.

La boda era a las 17:30 el primer sábado de mayo. El viernes previo salimos al terminar las clases con más de 20 chavales. Como el viaje hasta Cádiz es muy largo, hicimos noche en Córdoba. A la mañana siguiente fuimos a Misa a la preciosa catedral de esa ciudad, que antes fue mezquita, pero previamente había sido también catedral.

Después nos montamos en las furgonetas y nos dirigimos a Cádiz. Cuando llegamos al centro del Opus Dei, en el que íbamos a alojarnos en esa ciudad, dejé a los jóvenes que se situasen dónde iban a dormir. Preparamos la comida. Pero en lugar de quedarme a almorzar con ellos, me fui a la playa a hacer surf, ya que había buenas olas. Ni siquiera busqué el neopreno para no perder tiempo, eran como las 15:00 y tenía un rato antes de la boda.

Como me gusta tanto ese deporte, se me pasó el tiempo volando, era el único de la playa sin neopreno de los 20 que estábamos pillando olas. En un momento pregunté a uno qué hora era. Me respondió que las 16:30.

En ese momento pensé lo *tonto* que era. Había quedado con los novios que llegaría a la iglesia a las 17:00 para preparar las lecturas, la megafonía, hablar con el párroco, los músicos... Había hecho un viaje de más de 600 km e iba a llegar tarde a la boda (que se retrase la novia es normal, pero el sacerdote queda fatal).

Salí corriendo y en el murete de la playa había tres jóvenes de allí que me dijeron «un segundo por favor», me paré y me pidieron que les dejase la tabla un rato para hacer surf. Les contesté que tenía muchísima prisa. Insistieron: «Pero a dónde vas tan rápido», les dije: «a una boda» y uno de ellos, con la guasa andaluza, añadió «y que, eres el novio». Y yo mientras me iba les repuse «No, el sacerdote y no puedo llegar tarde al momento más importante del día».

Pensarían que era de broma, pero era la realidad. Sin ducharme me vestí. Corriendo miré en el móvil la localización de la iglesia de San Francisco, vi que había dos (no podía liarla más). Sabía que era iglesia antigua de la ciudad. Pregunté a un señor cuál era de las dos la más vieja y corriendo llegué a la Iglesia a las 17:05. Menos mal que la boda empezaba a las 17:30. Cuando llegó la novia todo estaba preparado y ya había dejado de sudar.

Tenemos que hablar de la importancia de la Misa, de lo clave que es asistir a ella para recibir más gracia de Dios. De lo necesario que es un matrimonio casado antes Dios con la celebración eucarística. En España hay más bodas civiles que eclesiásticas.

La Misa es la «fuente y culmen de toda la vida cristiana»[46]. Por tanto, la raíz y la plenitud de todo buen cristiano. Los católicos tenemos que hacer una buena catequesis de la Santa Misa, entre nuestros iguales y en las redes sociales.

La Eucaristía no es solo lo que se ve; sino también lo que solo se percibe con la fe. Alrededor del altar se reúne todo el cielo con los ángeles, los santos y el purgatorio. Cada frase tiene un significado arraigado en la Sagrada Escritura y en la tradición de siglos. Cada prenda que utiliza el sacerdote tiene un significado y se reviste con una oración.

Las plegarias eucarísticas darían para cientos de horas de consideración hasta que las entendiésemos. Los cristianos nos tenemos que formar en la gran asignatura pendiente que tiene la Iglesia: comprender lo que sucede alrededor del altar. Jesucristo actúa a través del sacerdote. Él, XXI siglos después, se vuelve a inmolar en la Cruz, sin derramamiento de sangre y resucita. Cristo se entrega en la comunión y se queda acompañándonos desde el sagrario.

El gran apóstol digital de la Santa Misa en nuestro siglo ha sido el joven san Carlo Acutis. Aunque murió con quince años, le dio tiempo a exponer muchísimos milagros eucarísticos en las plataformas digitales[47]. Afirmaba: «La Eucaristía es mi autopista hacia el Cielo», como así sucedió en su vida. Él no pertenecía a una familia con la costumbre de ir a la Santa Misa los domingos y fiestas de guardar. Pero Jesús le atrajo tanto que empezó desde muy pequeño a querer asistir diariamente.

Otra frase que el joven nos regaló: «Si nos ponemos delante del sol, nos ponemos morenos, pero cuando nos ponemos delante de Jesús en la Eucaristía, nos convertimos en santos». Los cristianos tenemos que ayudar a que las personas aspiren

46 Lumen Gentium 11

47 http://www.miracolieucaristici.org/es/Liste/list.html

a la santidad, que es irse al cielo sin pasar por el purgatorio. Viviendo aquí en la tierra muy cerca de Jesús.

La Santa Misa, las exposiciones al Santísimo y la oración, son la mejor manera de que las personas tengan un encuentro particular con Jesucristo.

4. 4. 2X1

En las lonjas se puede vender, entre otras formas, por medio de subastas o a precio cerrado, como contaba antes. Además, pueden salir lotes de productos o incluso rebajas. El famoso 2x1, como todo el mundo sabe, en que te dan el doble de lo normal por el mismo precio.

En una convivencia con jóvenes en Granada fui a echar gasolina a la furgoneta. La dependienta de la gasolinera me dijo con mucha gracia y su acentazo granadino: *¡Qué cura tan joven y majo! Te digo una cosa: Jesús es lo mejor que me ha pasado en la vida.*

Le pedí que me explicase un poco más esta afirmación. Ella me contó que de pequeña tenía una fe normal. No era de una familia que fuese cada domingo a la Santa Misa, ni rezaba nada, salvo antes de acostarse un padrenuestro. Eso sí, todas las Semanas Santas salía con su cofradía y asistía a la romería a la Virgen de su pueblo. Tres años antes, una amiga suya la había ido acercando a los sacramentos, a un grupo de jóvenes en una parroquia. Eso fue determinante: descubrió que Jesús no solo era un recuerdo del pasado, sino que lo tenía en la iglesia, dentro del sagrario. Descubrió que Dios en persona la estaba esperando, diariamente, para que le contase sus preocupaciones. Ella se acercó muchísimo al Señor y su vida mejoró en todos los sentidos según me contaba.

Para mucha gente Jesús es una persona que pasó. Como mucho, alguien con muchas cualidades, que enseñaba muy buenas ideas, más o menos. Podía ser como otros personajes clásicos o muy parecido a los grandes filósofos…

Pero Jesús es mucho más. Vivió entre los hombres, fue la primera persona de la que predijeron su nacimiento y detalles de su vida. El primero que adelantó su muerte, su resurrección. Y además realmente sucedió. Ascendió mientras los discípulos le miraban y se ha querido quedar en la Eucaristía. Los católicos podemos afirmar que Jesús es Dios y Hombre verdadero. Además, sería conveniente que nos dedicásemos a pregonar esta gran verdad. Nuestro 2x1: Jesús es Dios y Hombre.

Un 24 de diciembre por la mañana, estaba esperando en el aparcamiento de la playa de Musquiz, en Vizcaya, a un amigo ginecólogo que salía de una guardia en el hospital. Yo acababa de salir de mi semana de ejercicios espirituales y había quedado con mi amigo Juan para hacer surf. Vestido todavía de sacerdote, había sacado de mi furgoneta la tabla para ponerle parafina por encima y así no resbalarme.

Al lado de donde yo estaba, aparcó otra furgoneta con alguien dispuesto para hacer surf también. Se bajó un hombre de unos treinta y pico años. Me miró y empezamos a hablar de todo un poco durante un buen rato hasta que llegó mi amigo. A él le sorprendía ver a un sacerdote a punto de hacer surf, además en pleno invierno. Él era ateo. Yo le conté que me encantaban los deportes, al igual que él me había explicado sus aficiones. Hablamos de lugares comunes en que habíamos estado haciendo escalada, esquí de travesía, *kite*… Cada uno en momentos diferentes. Me contó que era bombero y en un momento dado opinó: «A ti, en lugar de sacerdote, te habría pegado más ser bombero». Con una luz del Espíritu Santo —seguro«le respondí: «En el fondo trabajamos en lo mismo: tú te dedicas a que no se queme la gente en la tierra y yo a que no se quemen en la eternidad». Se me quedó mirando y diciendo que le parecía que yo tenía razón.

Los cristianos tenemos que dedicarnos a hablar de Dios entre los nuestros y por supuesto en las redes sociales. También hay que explicar la importancia de cumplir la voluntad divina, del gran premio del Cielo... Jesús no es solo un personaje importante del pasado, sino el más relevante del presente y del futuro. De él depende nuestra alegría y nuestro gozo (como expresa la canción). Jesús es verdadero Dios y verdadero hombre.

4.5. HUSMEADORES

En las lonjas hay vendedores, compradores y un tercer espécimen que son los husmeadores. Estos se acercan sigilosamente, pueden llegar incluso a tocar el género, y hasta logran interactuar largamente con los vendedores. Algunas veces adquieren algo, pero la mayoría se van como llegaron. Los mercaderes los tienen muy calados, algunos tratan de evitarlos porque les hacen perder mucho tiempo y no sacan beneficio.

Los cristianos no estamos exentos de esta especie. Muchos nos escribirán en nuestras redes para felicitarnos, nos darán las gracias, nos ofrecerán su ayuda. Otros nos contarán sus problemas con asiduidad, requerirán nuestra atención... En algunos momentos parece que ya han desaparecido, pero más adelante cuando lo necesiten volverán a reclamarnos la atención. Algunos de estos husmeadores puede que no tengan nuestra fe, que vivan incluso costumbres contrarias a nuestra doctrina. Pero los católicos no tenemos que desentendernos de sus problemas. Debemos tener paciencia con ellos, escucharlos, darles consejos. Intentar que mejoren sus vidas, llevarlos a Jesucristo.

Los católicos que pretendemos estar presentes en las redes sociales necesitamos la virtud de la paciencia. Esta es parte de la virtud cardinal de la fortaleza. Como escribió, poéticamente, santa Teresa de Ávila. Merece la pena memorizarlas. Yo me la aprendí con 15 años, cuando el que menos me lo esperaba de mi clase, me dio una estampa con esta gran oración:

Nada te turbe, nada te espante, todo se pasa.
Dios no se muda, la paciencia todo lo alcanza,
quien a Dios tiene nada le falta: solo Dios basta.

Al morir la santa en Alba de Tormes, en 1582, llevaba consigo en su breviario estas letras. A mí me han servido para meditarlas en múltiples ocasiones.

Es conveniente que los cristianos tratemos al resto de personas como lo haría Jesucristo. Que es lo mismo que quererlas, ponernos en su piel, hacer con los demás lo mismo que nos gustaría que hiciesen con nosotros, que, fundamentalmente, es acompañarlos en sus sufrimientos.

Hace dos años recibimos un mensaje en nuestra cuenta de @ catolicos_es. Nos escribía Begoña Fernández. Ella estaba cursando el máster en filología y leyendo nuestra web de Jóvenes católicos, había encontrado algunas erratas en un par de artículos. Nos escribía ofreciéndose para ayudarnos a revisar nuestras publicaciones de manera desinteresada. Como digo, ella es filóloga.

Se lo agradecimos al momento. También le explicamos que teníamos una urgencia. La llamé y le conté que además de la web, de los audios diarios, entre varios sacerdotes estábamos escribiendo cuatro libros, para que los jóvenes pudiesen hacer la oración. Un libro por cada trimestre del año para poder hacer cada día del año un rato de oración por medio de esas palabras. Esa colección se llama *Rezar Hoy*[48].

Cada sacerdote teníamos las mismas directrices para escribir lo que nos correspondía. Pero veíamos conveniente que una persona lo unificase y repasase todo. Le expliqué que ninguno de los sacerdotes ganaríamos nada, para abaratar el coste de los jóvenes compradores. También expuse a Begoña que tampoco

48 https://www.cobelediciones.com/colecciones/rezar-hoy/

le podríamos pagar a ella y desde el primer momento me dijo que nos ayudaría con muchísima ilusión, que para ella sería como hacer un voluntariado. Y, contrarreloj, se puso a corregir de manera altruista las casi 900 páginas que tienen los cuatro tomos.

En las redes sociales puedes encontrarte personas maravillosas, como Begoña, que dan las soluciones a nuestros problemas. Otros muchos nos escribirán, llamarán, mandarán imágenes, *memes*, *stickers*..., para que les atendamos. Nuestra tarea es la misma que haría Jesucristo: escuchar, interesarnos e intentar ayudar.

Además, los sacerdotes, por nuestra condición, tenemos una especie de imán para las personas con verdaderos problemas. Nosotros no podemos quedarnos al margen de sus heridas. Jesucristo nunca dejó de lado a las personas que acudían a Él.

5. Echar la red a la derecha

Jesús indica a los apóstoles el camino por el que deben transitar en la vida. Él marca la senda con el ejemplo de su vida y después exige a los apóstoles. Les muestra las huellas que deben pisar para ir por el sendero correcto.

Jesús, siendo artesano, pide a los pescadores que echen la red después de estar toda una noche faenando. Ellos saben que no es buena idea y más viniendo de un artesano, no es un profesional de la pesca. Pero como se lo dice el Señor le obedecen y sacan una redada de peces como nunca.

Los cristianos del siglo XXI, también tenemos que imitar a Jesús como trataron de hacer los apóstoles. Además, podemos conocer la voluntad de Dios con nuestra oración personal.

Jesús también hace su oración en voz alta a su Padre. En el momento de la resurrección de Lázaro, mientras levantaba los ojos al cielo, afirmó: «Padre, te doy gracias porque me has escuchado; yo sé que siempre me escuchas»[49]. Él afirmaba que Dios le escuchaba siempre.

Todos los cristianos corremos la misma suerte. A Dios *le importamos* y en todo momento está pendiente de nosotros. La meditación cristiana es una búsqueda y un encuentro con la

---

49 Jn 11, 41-42.

Santísima Trinidad. Dios pretende mostrarnos el camino diario para que lo transitemos y quiere llenarnos de paz con su cercanía.

Como afirma el Catecismo: «La meditación es, sobre todo, una búsqueda. El espíritu trata de comprender el porqué y el cómo de la vida cristiana para adherirse y responder a lo que el Señor pide. Hace falta una atención. Habitualmente, se hace con la ayuda de un libro, que a los cristianos no les faltan: las sagradas Escrituras, especialmente el Evangelio, las imágenes sagradas, los textos litúrgicos del día o del tiempo litúrgico, escritos de los Padres espirituales, obras de espiritualidad, el gran libro de la creación y el de la historia»[50]. No solo escuchar lo que Dios quiere para nosotros, sino, además, instaurarlo en nuestras vidas.

A los católicos nos corresponde entablar la relación con Dios. Es conveniente que sea diaria esta conversación con Él, dedicando un tiempo concreto. La santa de Ávila aconsejaba: «Dadme cada día un cuarto de hora de oración mental y meditación y yo os daré el Cielo»[51]. Pero puede ser más tiempo.

Hace dos meses recibí un mensaje en mi cuenta de las redes sociales. Era una madre de familia. Me preguntaba si yo era sacerdote diocesano, o de alguna institución de la Iglesia. Le respondí que era de la Prelatura del Opus Dei. Al poco tiempo tenía su mensaje de vuelta. Me escribía para saber si podía hablar conmigo, para consultarme una duda de la vocación de su hijo.

Cuando pudimos conversar por teléfono me contó que ella tenía varios hijos terminando el colegio y en la Universidad. Ella tenía ilusión que alguno de sus hijos varones fuese sacerdote. Esta ilusión la tenía desde que eran bebés. Me llamaba porque uno de sus hijos mayores se había hecho numerario del Opus Dei, es decir, que viviría el celibato toda su vida, pero en

50 *Catecismo de la Iglesia Católica*, 2705.

51 Santa Teresa de Ávila, *Obras completas*, Diálogo 1.°.

principio no sería ordenado. A ella le trastocó todos sus planes y la llevó a llorar muchísimo.

Me llamaba para entender mejor la voluntad de Dios. Yo la animé a que hiciese la oración y le preguntase a Dios. Además, fue a hablar con algunas personas de su ciudad, que le explicaron esta vocación. Con la ayuda de la oración y las conversaciones que mantuvo, entendió la maravillosa respuesta de su hijo a Dios. Descubrió la bondad del celibato apostólico y quedó encantada.

En otra llamada me pedía que rezase y que le diese argumentos para que su marido también lo entendiese. Esta madre descubrió cómo su hijo se había enamorado de Dios. Él había sentido la llamada divina y le había respondido a Dios que sí, para que Jesús contase con él para toda su vida, dejando el cariño humano de formar una familia; para estar completamente disponible para Dios. De esta manera, su hijo podría ser un instrumento adecuado para Jesús. Jesús contaría con este querido hijo para poder atender a millares de personas y acercar a multitud de personas a la Verdad.

Esta buena madre pasó del llanto a la alegría.

Los cristianos tenemos que poner a la gente delante de Dios, que es lo mismo que enseñarles a hacer la oración y acercarles a los sacramentos. Los medios digitales son una manera perfecta de enseñar al que no sabe.

Pedir no es lo mismo que orar, como afirma un gran teólogo: «Con demasiada frecuencia equiparamos "orar" y "pedir". Ciertamente, debemos pedir, pero sin olvidar lo que dijo el Señor en el Sermón de la Montaña: "Vuestro Padre sabe lo que necesitáis antes de que se lo pidáis". Olvidamos fácilmente que tan importante o quizás más que la oración de petición es la de adoración. Por eso debemos cultivarla, recogernos, y, en el ámbito de recogimiento, hacernos presente la grandeza de Dios y postrarnos ante ella con actitud de reverencia y un corazón libre. De esta forma nos situaremos en la verdad, en la verdad de la vida; las relaciones de la existencia cobrarán su ordenación justa y todo quedará configurado según los criterios adecuados. Esta verdad nos hará bien. Volverá a ordenar todo lo que en nuestra vida se había desordenado a causa de la confusión y la falsedad. Sanaremos espiritualmente y podremos comenzar de nuevo»[52].

Por medio de la oración conoceremos mejor a Jesús, que como afirmaba es «el camino, la verdad y la vida»[53]. Y podremos adivinar cuál debe ser nuestro camino para llegar mejor a la Verdad que es Él y vivir una vida más plena aquí en la tierra y después en la eternidad.

5.1. NO SOMOS MARINEROS EXPERTOS

La mayoría de los apóstoles eran pescadores y cuando estaban en el agua sabían lo que se hacían. Estaban versados en ese arte. El mar de las redes sociales es prácticamente nuevo. Los que transitamos por las plataformas digitales estamos casi aprendiendo a hacerlo. Ningún abuelo nuestro en su juventud tenía acceso a internet. Tenemos que formarnos y dejar que los que saben más puedan guiarnos.

Por lo tanto, tenemos que fiarnos del que de verdad sabe. Del que ha dirigido a millones de personas. Que no es otro que la tercera persona de la Santísima Trinidad, el Espíritu Santo. Es fruto del amor entre Dios Padre y Dios Hijo y procede de los dos.

El Espíritu Santo nos marca el camino en la conciencia y nosotros tenemos que ser dóciles a sus indicaciones. Como afirma un autor espiritual contemporáneo: «La forma de obediencia, quizás más importante y más descuidada, es lo que

52 Romano Guardini. Introducción a la vida de oración, págs. 84-85.
53 Jn 14, 6.

podríamos llamar "la obediencia a los acontecimientos". A fin de cuentas, los sucesos de la vida son la expresión más segura de la voluntad de Dios, porque no corren el riesgo de una interpretación subjetiva. Si Dios nos ve dóciles a los acontecimientos, capaces de aceptar serena y amorosamente lo que nos "imponen" las circunstancias de la vida con un espíritu de confianza filial y de abandono a su voluntad, no hay duda de que multiplicará para nosotros las manifestaciones más personales de su voluntad mediante la acción de su Espíritu, que habla a nuestro corazón.

»Y, al contrario, si persistimos en rebelarnos y endurecernos ante las contrariedades, esta forma de desconfianza con respecto a Dios difícilmente permitirá que el Espíritu Santo guíe nuestra vida»[54]. Si nos dejamos guiar por Él no erraremos el camino.

En la antigüedad utilizaban las estrellas por la noche y el sol durante el día para guiarse en la navegación. Los marinos en el hemisferio norte miraban a la única estrella que no se movía e indicaba el norte, que es la Estrella Polar, mientras que en el sur buscaban la Cruz del Sur. Con esas referencias y calculando el ángulo con respecto al barco hallaban la latitud. Desde el siglo XV, se avanzó mucho en el arte de la navegación, se difundieron la brújula, la tarjeta náutica, el reloj de arena y algunos instrumentos más.

Los cristianos tenemos una gran brújula que es el Espíritu Santo, que nos va marcando la ruta hacia la felicidad plena. Como afirmó San Juan Pablo II:

> ¿Has descubierto ya a Cristo, que es el Camino?
> Sí, Jesús es —para nosotros— un camino que conduce hacia el Padre, el único Camino. El que quiere lograr la salvación, deberá tomar ese camino. Vosotros, jóvenes, a menudo os

54 Jacques Philippe. *La escuela del Espíritu Santo*, págs. 33-34.

> encontráis en una encrucijada, sin saber cuál es el camino que debéis elegir, ni a dónde ir; son muchos los caminos errados, como también las propuestas fáciles y las ambigüedades. No olvidéis en esos momentos que Cristo, con su Evangelio, su ejemplo y sus mandamientos, es siempre y solo, el camino más seguro que desemboca en una felicidad plena y duradera[55].

El Paráclito —el Espíritu Santo— nos marca el rumbo. Cuando un cristiano recibe el sacramento de la Confirmación, recibe también sus frutos y sus siete dones. Entre esos dones está el de consejo. En mi caso, es uno de los favores que le pido al Espíritu Santo antes de predicar o de dar alguna recomendación espiritual: que me conceda ese don de consejo.

Desde los dieciséis años hasta ahora, que en unos meses cumpliré cuarenta, llevo formando jóvenes. El primer año, fue de catequista en un grupo de confirmación. Los chavales tenían trece años. Al año siguiente, dando un círculo de formación católica a otros chavales de catorce. Además, hablaba con ellos individualmente casi todas las semanas para resolver sus dudas y alentarles en la búsqueda de Dios.

A los veinte años era profesor con la especialidad de educación física y también estudié psicopedagogía. Como maestro ejercí, pues hasta los veinticinco años, en que me fui a Pamplona a estudiar en el seminario.

Al sexto año en Navarra ya era diácono. Yo seguía acompañando a los jóvenes en su búsqueda espiritual y me apoyaba también en unas actividades muy atractivas, como convivencias en la montaña, días de esquí, surf, cuevas, fútbol…, pero especialmente con el *skate* y el *longboard.*

En esa labor con jóvenes yo acompañaba a Tato Zapata, un numerario del Opus Dei, vamos a decir, muy genuino. Pensamos en realizar una actividad que muchísimos chavales

55 Juan Pablo II, *Mensaje* para la IV JMJ, 1989 (27.XI.1988)

pudiesen emocionarse y que no fuese el fútbol. Creímos que los monopatines les podrían gustar. Como nunca lo había practicado, el verano anterior a impulsar (y nunca mejor dicho) esta actividad me puse a aprender. Deslizarme por las cuestas y en los *skateparks,* acabó gustándome mucho.

Durante meses les enseñamos a derrapar con el *longboard,* a entrar en los *bowls* de los *skateparks,* construimos nuestras propias tablas de madera, tres rampas de madera *halfpipe* en forma de U, de diferentes tamaños. También animamos a que los jóvenes hiciesen una marca de camisetas para venderlas y sacarse dinero para la JMJ de ese verano, que se celebraría en Cracovia.

Un día, patinando con estos chavales en el *skatepark,* yo vestía con ropa de deporte. En uno de los descansos me puse a hablar con un joven que no era de nuestro grupo. Resultaba que había estudiado economía, había vivido dos años en Irlanda y ahora estaba en Pamplona trabajando en un banco. Me preguntó si le prestaba una llave para apretar sus ejes. Le dije que me acompañase a la furgoneta donde tenía las herramientas.

Cuando abrí la puerta del maletero me miró con sorpresa. Me dijo: «Eres párroco», ya que había visto mi ropa de sacerdote colgada de una percha. Yo le expliqué que de momento solo diácono. El seguía un poco impactado y repuso después de una palabrota, (*pon la que más te guste*). «¡____! ¡Esto es lo más fuerte que me ha pasado en la vida!». Yo le respondí que ser diácono y dentro de nada sacerdote, también era para mí lo más fuerte que me había pasado en la vida. En ese momento le pedí al Espíritu Santo que guiase mi conversación a este joven tan majo que no tenía ninguna fe. En las redes sociales también nos tenemos que apoyar en el Paráclito para saber hablar, para dirigir a las personas... En definitiva, para acertar en los consejos.

5. 2. NI A LA IZQUIERDA NI ATRÁS

Cuando hacemos la oración nos podemos en contacto con Jesús. La tercera persona de la Santísima Trinidad nos guía y solo nos falta a nosotros obedecer sus indicaciones para acertar el rumbo.

Jesús a los apóstoles les dice: «Echad la red a la derecha de la barca y encontraréis. La echaron, y no podían sacarla, por la multitud de peces»[56]. Si obedecemos, podremos ser eficaces y ver grandes milagros. Los apóstoles no tiraron la red ni a la izquierda ni detrás, sino a la derecha, donde les dijeron, así pudieron sacar una gran pesca.

Los cristianos tenemos que obedecer, en primer lugar a Dios, pero también a las personas que están por encima de nosotros en rango y dignidad, que son nuestros superiores. Como afirmaba la santa abulense:

«Nuestro verdadero tesoro es una humildad profunda, una gran mortificación y una obediencia que, viendo al mismo Dios en el superior, se somete a todo lo que manda… Ahí está la señal más cierta de progreso espiritual, y no en las delicias de la oración». Como afirma la frase popular, *el que obedece no se equivoca.*

En algunas ocasiones pensamos que tenemos razón nosotros. Ya que en general somos soberbios por naturaleza. Cuesta, especialmente, adaptarnos a la voluntad de otras personas que tienen ideas contrarias a la nuestra.

Cuando tenía treinta y dos años, me llamaron desde un número de una empresa que no conocía. Respondí y una mujer me contó que trabaja en *Ninja Warrior.* Me preguntó si sabía lo que era. Le respondí que no, nunca había oído ese nombre. Me preguntó si veía la televisión, le manifesté que hacía muchos

56 Cfr. Jn 21, 6

años que no la veía, salvo las noticias algunos días con mis padres por la noche.

Ella insistía, me preguntaba si yo no veía películas, documentales o series. Pero le contesté que casi nunca. Entonces me explicó que *Ninja Warriors* era un programa televisivo de la cadena Antena Tres. Un *show* consistente en ver quién era capaz de pasar unas complicadas pruebas físicas. Me llamó para que yo fuese a participar en el programa. La mujer sabía que yo era un sacerdote al que le encantaba el deporte. Ella me dijo que fuese para hacer visible a un sacerdote que no era el estereotipo de párroco mayor que no sale de su iglesia. Le dije que la mayoría de los sacerdotes que conozco no son así, pero que su propuesta la consultaría con mis superiores.

Ella no entendía que tuviese que preguntarle a nadie. Días después, cuando le confirmé que no iba a poder ir al programa, no lo concebía. Me llamó unas cuantas veces más para insistirme diciendo que al salir un sacerdote en un programa de la televisión les daría mucha audiencia (ese motivo me daba un poco igual) y que así verían a un sacerdote joven.

Si hubiese ido al programa, mucha gente habría visto a un sacerdote y eso está bien. Pero creo que se saca mayor partido obedeciendo y fiándonos de las personas que nos ayudan a dirigir nuestra vida. Estoy convencido de que Dios sacó más partido al haberme quedado fuera del programa que si hubiera ido a ese *show* televisivo.

Muchas personas en las redes sociales pretenden ser vistas y admiradas, anhelan despertar el asombro y ganar popularidad. Son capaces de grandes sacrificios para ser influyentes. En el fondo, lo que brilla en muchos de esos casos es la vanidad y la soberbia. No entiendo a los sacerdotes o monjas que se ponen a hacer bailes para tener más seguidores. Pienso que no procede, no es la manera en la que Jesús se haría visible en nuestra época.

Los cristianos debemos tener unas motivaciones más elevadas, como dar a conocer a Dios, poner a las personas de frente con Jesucristo. San Josemaría decía que era bueno «ocultarse y desaparecer, que solo Jesús se luzca». Cuando añoramos destacar nosotros, se nos puede meter la soberbia. Mientras que si solo pretendemos que sea el Señor, nosotros pasaremos a un plano secundario.

Es necesario purificar la intención. Si tenemos muchos seguidores; genial, así verán nuestros contenidos, muchas personas. Pero si tenemos pocos, también tenemos que estar tranquilos. Con que le ayude a una persona ya ha valido la pena el esfuerzo. Cuando los cristianos queremos estar presentes en las plataformas digitales, es conveniente que rectifiquemos la intención con las ganas de hacer patente a Cristo, no a nosotros. Como decía San Juan Bautista, el primo del Señor, «conviene que él crezca y que yo disminuya»[57].

5. 3. ¿POR QUÉ PESCO?

La pregunta de por qué hago las cosas es una cuestión que todo el mundo se ha planteado alguna vez en su vida. Sobre todo, en los momentos de crisis existencial.

Encontrar las motivaciones a nuestros actos siempre será un alivio, si estas son honrosas, claro. Por tanto, cuanto más alto sea nuestro objetivo, mayor será la gloria. Hay una historia muy conocida de un peregrino que hacía el Camino de Santiago. Cuando pasó por una cantera muy cerca de Miranda de Ebro, vio tres trabajadores que picaban la roca para hacer bloques de piedra y levantar la catedral de Burgos.

Uno de ellos no paraba de quejarse, el segundo trabajaba tranquilamente y el tercero se le veía muy contento. El peregrino le preguntó a cada uno de ellos qué hacía. El primero respondió que pasar frío en invierno, calor en verano y llegar

57 Jn 3, 30.

agotado todos los días a su casa. El segundo le explicó que estaba dando de comer a su familia con su ardua tarea. El último respondió «Estamos levantando la catedral de Burgos, una casa para Dios».

Los tres trabajaban mucho en una misma tarea agotadora. Cada uno lo afrontaba de una manera. Pero solamente había uno que estaba contento, tenía la motivación más alta. Él trabajaba para dar gloria a Dios.

Tenemos que plantearnos para qué queremos estar presente en las redes sociales. Muchos dirán que para ganar dinero, para que reconozcan que tengo una vida increíble, para dar envidia, para conseguir una buena salida profesional, para darme a conocer… Creo que muy pocas personas podrán decir que están en las redes para acercar a las almas a Dios, para buscar entre las redes a personas alejadas y conseguir salvarlas.

Lo que he contado era una anécdota que se predica mucho en las homilías. Supongo que fue inventada, además se cuenta también del escultor Miguel Ángel... Aunque podría haber ocurrido perfectamente.

Ahora voy a contar un suceso que presencié la primera vez que hice el Camino de Santiago con catorce años. Era año jubilar y había muchos peregrinos. Pero uno nos llamó muchísimo la atención. Parecía un pordiosero más que un peregrino. En el Monte do Gozo, a la vista de la ansiada catedral, volvimos a encontrarnos. Nos sentamos a descansar con él mientras llegaba el resto del grupo.

Le preguntamos de dónde era. Nos contestó que de la Costa da Morte, es decir, de la costa norte gallega, una zona con muchísimo oleaje y corrientes. Le seguimos preguntando y a él no le importó contarnos lo fundamental de su vida.

Desde pequeño había sido pescador, como su padre. Le gustaba su vida, aunque muchas veces percibía el peligro de las grandes tormentas. Pero había que salir a faenar para poder comer. Hubo un día con unas olas increíbles, con el cielo negro y lloviendo a mares. La embarcación intentaba resistir la montaña rusa de inmensas olas en que se encontraba. El agua entraba en la barca, mucha volvía a salir, pero otra llegaba a los camarotes. Los marineros achicaban agua e intentaban dirigir la embarcación para no recibir una ola de costado. Así estuvieron muchísimo tiempo hasta que el barco naufragó.

Él estuvo solo en medio del mar. Con las olas y la tormenta no veía a nadie más. En ese momento le pidió a la Virgen del Carmen (patrona de los marineros) que si le salvaba dedicaría toda su vida a darle gracias, e iría de peregrino de un santuario mariano a otro por todo el mundo.

Me acuerdo, perfectamente, que tenía calculados los 64.000 km que había recorrido andando desde que se salvó. Fue el único de la tripulación que no se ahogó. Nos enseñó recortes de periódicos de cuando pasó por Afganistán, Japón, Jerusalén, Croacia… Nos contó multitud de problemas que había tenido que soportar, algunas historias muy dolorosas. Pero también las muchísimas personas que le habían ayudado donando dinero, botas, sacos de dormir, tiendas de campaña…

Él nos explicaba que desde que la Virgen María le había salvado, era una persona muchísimo más agradecida, más feliz y con una vida —así lo veíamos nosotros— alucinante.

Es bueno que te plantees para qué quieres tener presencia en las redes sociales. Y si hace te falta cambiar el objetivo para elevar el motivo hasta Dios, no hay que preocuparse. Nunca es tarde.

5. 4. ¡OS HARÉ PESCADORES DE HOMBRES!

Al principio de su vida pública, mientras paseaba Jesucristo por el mar de Tiberíades, vio a los hermanos Simón (más tarde Pedro) y Andrés. Les dice en ese momento «Venid en pos de mí y os haré pescadores de hombres»[58]. Ellos siguieron al Señor y con su vida de apóstoles llenaron las redes de almas que se salvaron y ganaron el cielo.

Dios tiene un plan para cada persona que crea. No somos el resultado del movimiento constante de la materia o del azar, sino del designio amoroso de Dios, de su providencia.

El Todopoderoso ha pensado que cada bautizado tenga una misión en la vida. La mayoría para que formen buenas familias cristianas. A unos pocos para que le entreguen su vida a Él por medio del celibato, es decir, de renunciar por el amor de Dios a amores humanos y formar una familia. Para estar más disponible a las necesidades divinas.

Al verme vestido de sacerdote por la calle, y también en las redes sociales, muchas personas me han preguntado cómo había identificado yo la llamada que Dios me hizo. En definitiva, cómo había descubierto yo mi vocación.

Desde los 8 años o antes, todos los días jugaba en la calle al fútbol por la tarde con mis amigos o iba al entrenamiento de fútbol. Justo después de jugar, iba a la Santa Misa a diario con mi madre y mi hermano. Antes de la comunión intuí que Dios pretendía que fuese sacerdote. A los 12 años, cuando empecé la secundaria, pasé de un colegio público al colegio Retamar, que es privado, cuya formación espiritual está encomendada al Opus Dei.

En este estupendo colegio, en el que ahora soy capellán, podía ir a la Santa Misa durante mi jornada escolar. Podía elegir entre quedarme en clase y leer o bajar a la Santa Misa, y esta fue la opción que tomé durante los seis años que estuve de alumno. Gracias a mi preceptor, que era un profesor y también mi primer director espiritual, junto con el sacerdote, empecé a hacer 15 minutos de oración a diario. En el segundo trimestre

58 Mc 1, 18

rezaba el rosario todos los días, ofrecía el día a Dios al levantarme, rezaba a la Virgen al acostarme, recibía formación doctrinal en Cyara, una asociación juvenil del Opus Dei... Mi vida interior fue creciendo exponencialmente.

Ese verano, con trece años, me di cuenta que Dios me quería para él, aunque me hubiese encantado tener una mujer e hijos. Nadie me preguntó nada de mi vocación, sino que fui yo a exponer en la dirección espiritual que intuía que Dios quería que fuese agregado del Opus Dei (la Obra). Es decir, ser un fiel laico que vive el celibato apostólico en medio del mundo, en el mismo ambiente que antes de decidirse a seguir a Jesús. Desde el siguiente verano, con 14 años y medio, le dije a Dios que sí, y empecé a vivir las normas y costumbres de los fieles de la Obra. Al año siguiente le dije al director de Cyara que pensaba que Dios quería que fuese sacerdote en el Opus Dei. Me respondió que los curas de la Obra antes de ordenarse debían tener una carrera civil y haber trabajado unos años como todo el mundo en un trabajo profesional.

Así hice y cuando llevaba varios años de profesor, reiteré las ganas que tenía de ordenarme a los directores del Opus Dei. Al poco tiempo me fui al seminario y 6 años después vestía sotana. Ahora, después de 8 años de sacerdote, solo puedo dar gracias. Tengo una vida llena de sentido y de felicidad. No cambio mi vida por la de nadie.

Algunos síntomas de la vocación al celibato dentro de la Iglesia que yo sentí. Fue la idea de esa vocación rondando por mi cabeza en algunos momentos fuertes en mi vida, ¿No me llamará Dios?

Esa idea cada vez va encajando más en mi vida. Veía que hacen falta personas entregadas a Dios que estén más disponibles para cumplir lo que Dios pide. La llamada de Dios iba siendo cada vez más fuerte, aunque nunca es lo suficientemente evidente, ya que Dios me deja mi libertad. Se percibe que cuando Dios me pide una entrega tan grande como toda mi vida, el premio será excelso en el cielo y el 100x1 en la tierra, como dice Jesús.

La posible llamada de Dios me atraía como un imán. Pensaba en esta posibilidad de mi vocación con mucha frecuencia. Daba vueltas a la importancia de responder que sí a Jesús. Pensaba que era demasiado joven, que la vida era muy larga y no sabía si iba a ser capaz de ser fiel a Jesús.

Nos contaba san Juan Pablo II en Madrid en mayo de 2003: «Yo fui ordenado sacerdote cuando tenía 26 años. Desde entonces han pasado 56. Al volver la mirada atrás y recordar estos años de mi vida, os puedo asegurar que vale la pena dedicarse a la causa de Cristo y, por amor a Él, consagrarse al servicio del hombre. ¡Merece la pena dar la vida por el Evangelio y por los hermanos!». Por otra parte, es habitual que Dios llame a personas muy jóvenes: san Carlo Acutis murió con 15 años.

Me daba miedo equivocarme en mi decisión o no estar a la altura. ¿Y si Dios no quiere que viva el celibato? Es un miedo a cualquier entrega que se da en cualquier gran compromiso. Y más los que hemos sido jóvenes en este siglo, que somos más inmaduros y hemos estado más protegidos que nuestros antecesores. Pensaba que me faltaba mucho por vivir y que si le decía a Dios que sí me iba a perder muchas cosas interesantes.

Pero casi siempre que hacía la oración me volvía la idea de la llamada de Dios. El demonio metía ideas en mi cabeza para que no lo volviese a pensar: ¡Te están engañando! ¡No es para ti! ¡Todo el mundo se va a reír! ¡Tu familia no lo va a entender!...

La vocación es una delicadeza de Dios con sus elegidos. Los que dicen que sí a Jesús con la entrega de su vida son el consuelo divino. Jesús sigue buscando a su grupo de amigos cercanos, a sus discípulos de nuestro siglo. Él quiere disfrutar más con la cercanía de unos pocos. Pretende contarnos sus preocupaciones y sus alegrías, me quiere cerca para que le ayude a salvar almas. Las personas que viven el celibato entregados a Dios tienen todo su tiempo para cumplir la misión divina.

Dios da la vocación a personas piadosas, educadas, virtuosas, amables, apostólicas, trabajadoras y sinceras. Jesús da todas las vocaciones: al celibato en medio del mundo, al sacerdocio, a la entrega de Dios en medio del mundo, a las órdenes consagradas y a la inmensa mayoría, al matrimonio.

Esa es la gran llamada de nuestra vida, pero también hace *microllamadas* como a sacar adelante una iniciativa apostólica, como un retiro, a hacer una peregrinación, a vivir la caridad con algún grupo de personas, a ser *influencer*...

Dios quiere llenar las redes con gente muy buena, cuenta con nosotros para colmar esa gran suma.

5.5. ¡CUIDADO CON LAS ORCAS!

Desde hace muchísimos siglos, las orcas han sorprendido en el mar a los marineros por su manera de cazar, ya que son animales carnívoros. Estos mamíferos nos asustan cuando vemos su dentadura con dientes puntiagudos y muy afilados que, además, son enormes, miden unos 10 centímetros.

Desde que se empezaron a pescar los atunes rojos gigantes con el método de la almadraba, los pescadores notaron cómo las orcas iban agrupando y dirigiendo los bancos de atunes. Estos mamíferos marinos agresivos se alimentaban de los atunes que no entraban entre las redes.

Por otra parte, las orcas son muy sociales, se mueven en pequeños grupos de su misma especie. Además, son muy «inteligentes». Pueden cazar a las ballenas azules, los seres más grandes del planeta; también a los temidos tiburones blancos, focas y casi todo tipo de animales marinos. Son además tan sutiles, que van adaptando su conducta a los conocimientos. Desde 2020, se han sucedido numerosos ataques de estos mamíferos a los veleros en el estrecho de Gibraltar y alrededores.

Nunca, antes de ese año, las orcas habían ido a derribar las embarcaciones. Se juntan varias con el propósito de romper el timón. Cuando esto sucede, las embarcaciones van a la deriva y puede llegar a entrar agua en el casco. Si se dan las dos opciones es casi imposible que un velero no naufrague. Estos mamíferos utilizan la estrategia y son demoledores.

Ahora en España hay un gran temor entre las embarcaciones de recreo. A los patrones de barco les obliga a ser precavidos. Algunos en su recorrido van siguiendo las boyas para no adentrarse en las zonas marinas profundas. Como mucho a unos 20 metros de profundidad, otros llevan productos químicos para lanzarlos al agua y espantarlas, también hay quienes llevan bengalas, rifles…

Muchos expertos explican que este cambio de conducta en las orcas se debe a que una de ellas sufrió un golpe con el timón de un barco y ahora se están protegiendo. Otros afirman que se debe a una manera nueva que tienen de entretenerse, especialmente entre las orcas adolescentes.

El demonio es el principal problema que tenemos en nuestra vida. Él quiere destruirnos y hacernos naufragar hasta mandarnos al infierno. Las orcas llevan poco tiempo atacando a los barcos. Pero el maligno toda la vida buscando tentar al hombre (si no, que se lo digan a Eva y a Adán).

Nos conoce a la perfección. Él ofrece mucho, pero no da nada. Nos ataca cuando estamos ociosos, enfadados, tristes. O lo que es lo mismo, cuando tenemos las defensas bajas y no estamos vigilantes.

Después, nos engatusa poco a poco con sus proposiciones, haciéndonos creer que nos convienen, que no nos hace ningún mal el pecado. No empieza con una gran tentación, va poco a poco. El maligno sigue *erre que erre* hasta que consigue hacernos caer. Su siguiente paso es reírse de nosotros. Nos hace sentir vulnerables, nos ridiculiza, nos humilla hasta hacernos pensar que nunca podremos mejorar.

En un vídeo que publiqué sobre cómo afrontar las adicciones y enfrentarse al demonio, daba cinco trucos para derrotar al *padre de la mentira*: no dialogar con el demonio, ser sincero en la dirección espiritual, estar muy unido al Señor y a la Virgen, aprovechar muy bien el tiempo y ser una persona sacrificada.

El papa Francisco animaba a cerrar la ventana y la puerta del corazón al demonio, a que nunca le escuchásemos, ya que va a querer llevarnos por un camino torcido[59]. Además, si somos sinceros con personas que nos puedan ayudar, tenemos mucho terreno ganado. Ser piadoso, estar cerca de Jesús y de su Madre nos da las gracias necesarias para vencer. Si aprovechamos el tiempo, el maligno no tiene rendijas para filtrarse y tentarnos con toda su potencia. Otro trampolín hacia la libertad es conseguir llevar una vida sacrificada, ya que si uno vence en miles de pequeños sacrificios, cuando vengan las pruebas grandes, no tendrá ningún problema.

El vídeo apenas duraba un minuto y tuvo cientos de miles de reproducciones y muchísimos comentarios. Prácticamente, todos agradecían los consejos, aunque había unos pocos que criticaban en los comentarios públicos y también por privado. A esas cuentas no hay que entrar a responder, no conviene meternos en su juego porque la mayoría no tiene ninguna intención de cambiar, pero sí de hacer daño. En muchos de estos comentarios negativos está el maligno. Él pretende romper nuestra paz para hacernos desistir de nuestra lucha por llenar las redes de contenido inspirador.

En otro vídeo hablaba de cómo el diablo nos tentaba y nos alejaba de Dios. Al poco de verlo, me contó un adolescente que desde que estuvo en un internado en EE. UU., tenía muchísimo miedo por la noche, no dormía casi, tenía muchas tentaciones… Le fui preguntando y me contó que en el colegio

---

59 Papa Francisco. 27 de diciembre de 2023. Audiencia.

americano compartía habitación con otro de su clase que hacía rituales satánicos por las noches.

Él intentaba que no los realizara, ya que es creyente. Este joven sabía que si uno juega con fuego se quema (y más si es con el demonio). Yo le recomendé utilizar agua bendita antes de acostarse, confesarse y comentar los progresos en la dirección espiritual. Al cabo de unos días le volví a preguntar y me respondió que ya por fin podía descansar. Que ahora tenía paz y que habían disminuido muchísimo las tentaciones nocturnas.

Ante otros mensajes con historias más truculentas, recomendaba hablar con un sacerdote y a dos los mandé con el exorcista. Cuando no sabemos qué responder hay que consultar a personas que tengan más conocimientos que nosotros o que estén más cualificadas.

5. 6. HIELO

Cuando los marineros salen a faenar lejos y, especialmente, cuando hace calor, utilizan el hielo para cubrir el pescado capturado. De este modo, el producto que han conseguido no se pudre y puede llegar fresco al puerto, a los supermercados y en última instancia a las cocinas. Sería una gran pérdida si dejaran que se estropease el pescado adquirido con tanto esfuerzo.

Lo mismo ocurre con el mensaje cristiano. Si no lo mantenemos actualizado a nuestras circunstancias puede llegar envejecido, acaba perdiendo parte de su esencia. Para ello los cristianos de hoy debemos presentar a Jesucristo con toda la relevancia y frescura necesarias.

A cada uno de nosotros nos corresponde presentar al Señor y su mensaje de la mejor manera, que es como se merece. No podemos enseñar una versión rancia del cristianismo, avejentada por los siglos. Ya que Jesús no es una figura del pasado. Él nos aseguró que estaría con nosotros hasta el final del mundo[60]. No es solo una figura clave que existió, sino que sigue hoy aquí en los sagrarios, en la comunión, en el alma en gracia de los católicos…

Jesús es la persona a la que más personas han seguido, que más vidas ha cambiado, que más libros se han escrito sobre Él, que más veces se le ha representado, que tiene los mejores edificios, esculturas, cuadros, objetos de culto dedicadas a Él… En definitiva, no hay nadie más relevante en la historia. No es una figura que influyó, exclusivamente, en el momento que vivió, como cualquier emperador romano.

Jesús es Hombre perfecto, pero también es Dios. Tiene dos naturalezas: la humana y la divina. Muchas personas no le conocen, piensan que es un mito o que le han atribuido sucesos que no ocurrieron o que magnificaron los hechos. Ningún historiador riguroso duda del paso de Jesús por Israel hace XXI siglos.

Su figura es tan importante que a la hora de señalar los años dividimos entre: antes de que naciese Jesucristo o después. Muchas personas no saben que de cualquier filósofo, historiador, escritor relevante del pasado no se encuentran escritos que hablen de ellos hasta seis o siete siglos después. Mientras que de Jesús hay documentos desde varias décadas posteriores a Él. Pero no recogidas por sus seguidores, sino también por historiadores romanos de la época, judíos, o de otras culturas…

Incluso la historicidad de los evangelios es rotunda: se han encontrado más de 300 papiros de los cuatro primeros siglos distribuidos por todo el Mediterráneo, sin apenas variaciones en su escritura. Los apóstoles dejaron todas sus comodidades, se subieron a los barcos con destinos lejanos para llevar el mensaje a todos los lugares posibles del mundo antiguo.

60 Cfr. Mt 28, 20

El otro día recibí varios mensajes de una señora que vivía en el Caribe y que no conocía. Me escribía porque me había visto en un anuncio de *Hallow* y descubrió por mi voz que yo era el mismo que todos los días escuchaba a través de esta aplicación. Después de hacerme un resumen de su vida, me explicaba:

> Lamentablemente, me alejé de Dios hace muchísimos años, la vida me volvió dura, el ego y la vanidad, o el afán de tener mucho más de lo que he tenido gracias siempre a la misericordia de Dios, me alimentó por mucho tiempo.
>
> Pero hace 7 meses descubrí la aplicación de *Hallow* y en ella a usted y me emociona hasta las lágrimas decirle que escucharlo a usted al final del día es una de las mejores cosas, si no la mejor, que ha pasado en esta etapa de mi vida.
>
> Me estoy encontrando con Dios, pude confesarme y hoy voy a comulgar después de 12 años de no hacerlo y estoy muy feliz.
>
> Querría que usted supiera el bien que han traído a mi vida su voz, sus reflexiones. Creo que es usted muy joven y yo tengo edad para ser su madre, pero ha sido usted, un sacerdote joven el que ha iluminado estos últimos siete meses de mi vida, además de todas las oraciones y retos de *Hallow*... quien ha logrado rendirme a la voluntad divina, aceptar que el control de mi vida lo tiene Él y llenarme cada día de Jesús y del Espíritu Santo.

Ante mensajes de este estilo le doy gracias a Dios por poder ser un instrumento suyo, ya que mucha gente descubre la grandeza de Jesucristo por medio de la tecnología. El Espíritu Santo es el que guía a las personas para reencauzarlas a la Verdad. Nosotros ayudamos, pero no nos podemos creer especiales por hacer esta labor, ni mucho menos superiores. Por lo menos yo me veo lleno de miserias y cada semana cuando hablo en la dirección espiritual y me confieso descubro muchos puntos de mejora. Sé que no soy el que mejor comunica, ni el mejor ejemplo, pero Dios se vale de todo, hasta de lo más inepto.

La figura de Jesucristo nos toca a nosotros mantenerla actualizada entre nuestros familiares, amigos, en las redes sociales… No un mensaje manido, ajado, sino fresco, renovado. Mostrando al mundo a Jesús con la sonrisa en nuestra cara. Con la felicidad de vivir pegados al maestro como San Juan evangelista.

6.
Salvemos el mundo

Hace dos años hice una gran reforma en mi casa, sin tener ni idea de construcción, pero con la ayuda de los vídeos de internet. Yo vivo con mis padres. Habíamos pedido presupuesto a muchos obreros, pero nadie venía a hacer el trabajo que quería mi madre. Por eso, empecé yo a trabajar por las noches cuando llegaba a casa, que no era nunca antes de las nueve de la noche.

Me tocó cambiar el suelo, los rodapiés, quitar el gotelé, pintar, cambiar las puertas, tirar alguna pared... Por eso tenía que ir a diferentes tiendas a comprar material de construcción. Una tarde, al ir a comprar en uno de estos establecimientos, en el aparcamiento me paró un voluntario de una ONG y me dijo: «Perdona, ¿me puedes ayudar a salvar el mundo?». Le miré y le contesté: «A eso es a lo que me dedico». Se me quedó mirando y añadió que su organización se dedicaba a salvar las especies acuáticas. Me empezó a explicar lo mal que estaban los ríos en Madrid, que es mi ciudad.

Yo le pregunté el nombre de los ríos que estaban peor. Me respondió que el Henares, en especial, era insalubre, donde no hay casi peces y algunos otros ríos más que están contaminados. Le respondí que llevaba varios años bajando los ríos con tablas de *paddle surf* con amigos y que habíamos bajado casi todos los tramos de los ríos del centro de España. Especialmente, cuando llueve mucho o es el deshielo. Pero que justo los tramos de los ríos que mencionaba estaban en perfectas condiciones. Le sugerí otras localizaciones que yo tenía contrastados para ver si desde su ONG podían ayudar a mejorarlos.

El río Alberche fue uno de los ríos que le dije que sería bueno que limpiasen. No solo en cuanto a los vertidos, sino que también habría que quitar los troncos caídos, ya que tenía muchísimas ramas en su cauce. Con el tiempo descubrimos que si hay un año que en verano baja poca agua, muchos árboles se quedan sin el aporte necesario para mantenerse robustos, y cuando en el otoño o en el invierno vienen los grandes vendavales, muchos se acaban cayendo. Como nadie los limpia, se acumula la basura y en muchas partes se estanca el agua y provoca infecciones.

También le hablé de que el obstáculo de las ramas en el cauce hacía peligroso el descenso con las tablas de paddle surf. Pero no es esa la mayor de las desgracias, pues en las riadas sería muy fácil que se llevase a personas por delante, ya que las ramas y troncos sueltos van creando paredes de madera y basura que forman presas. Después, la presión del agua las rompe y produce un gran torrente. El verano pasado en ese mismo río por no limpiarlo cayeron tres puentes enormes, murió gente ahogada, quedaron algunos pueblos incomunicados y muchas catástrofes más.

Con la excusa de la conversación con el integrante de la ONG saqué un vídeo hablando de salvar el mundo. Pero no con los animales acuáticos, sino a las personas, salvándolas del infierno con nuestra oración y con el buen ejemplo. Tenemos que aprovechar las circunstancias para dar doctrina sana y evitar que el estancamiento del pecado lleve muchas vidas al infierno con el torrente de la maldad.

En otro de los vídeos de este estilo que he publicado, en uno de los mensajes me preguntaba una señora si yo pertenecía al Opus Dei. Le contesté que sí. Ella me contó que por mi manera de expresarme lo había notado. Me explicó cómo ella en la universidad conoció la Obra y a san Josemaría y cómo gracias a su intercesión su hijo había dejado de tener convulsiones. Ningún médico de los que había consultado habían sabido cómo tratarlo, ni le habían podido ayudar.

Hace tres veranos me pidieron unos amigos si podía ir a Valladolid a casarles. Yo les dije que sí (siempre intento ayudar en los servicios religiosos que me piden, especialmente en los funerales, hago lo posible por asistir). Se celebraría en el colegio de San José. Ella había estudiado allí con los jesuitas y mi amigo en un colegio de la Obra, y además es supernumerario del Opus Dei. Es decir, un fiel de la Obra con vocación divina, sin compromiso de vivir el celibato. A mí me pillaba a unos 400 km de la convivencia de jóvenes que tendría que estar atendiendo esos días. Me tocaría ir y volver en el día.

Llegó el día tan esperado para los novios y el viaje en coche no se me hizo nada pesado porque fui escuchando audiolibros. Cuando terminó la ceremonia se me acercó uno de los invitados y me espetó: «¡Tú no eres ni jesuita ni del Opus!, ¿qué eres?». Le pregunté cómo había llegado a esa conclusión. Me contó sus motivos para deducir que yo no era jesuita y me dijo que había hablado en la homilía con demasiado desparpajo para ser de la Obra. Le saqué de sus dudas y le concreté que no todas las personas de la misma institución estamos cortados por el mismo patrón. Unos son más serios, otros más divertidos, unos son muy listos y otros más normales (como es mi caso).

En resumen, hay que buscar las ocasiones para dar doctrina sana. Cada uno con su forma de ser y su manera de expresarse.

6.1. A LA DERIVA

Un día con mal tiempo, uno de los miedos más grandes entre los tripulantes de un barco es caer a la deriva. También influyen el inmenso oleaje, el frío del mar, la oscuridad que se produce en las tormentas, los gritos que se apagan por el clamor del temporal y sobre todo las historias de otros marineros que se los ha tragado el mar.

En esas situaciones se incrementan las medidas de seguridad. Los marineros van atados para hacer las labores imprescindibles en cubierta. Toda vigilancia es poca, ya que perder a alguien en esas circunstancias es demasiado arriesgado. Las maniobras de rescate en esas ocasiones son casi temerarias.

Tengo un amigo que se llama Krishna. Es la única persona que conozco que tiene este nombre. Él es español, nació y se crio en una comunidad hare krishna (de los que van con túnicas naranjas) en un pueblo de Castilla-La Mancha. Cuando era pequeño, por sus neumonías, un médico aconsejó a sus padres que buscasen un clima más cálido para el bien del niño. Sus padres y los tres hijos se trasladaron, pues, a un pueblo de Madrid.

En esos momentos todo les iba genial, traían materiales de la India que vendían en España y de eso vivían cómodamente. Era una familia muy espiritual. Cuando mi amigo cumplió cinco años, su padre falleció y la familia empezó a sufrir estrecheces. Cuando él tenía doce años, todavía en el colegio de primaria, empezó a hacer gamberradas, a fumar, a beber... El tabaco pasó a ser con droga añadida y su madre decidió cambiarlo de ambiente y llevarle al colegio Andel, donde la formación espiritual la llevan personas de Opus Dei. En este colegio yo fui profesor cuatro años y nada más ordenarme fue mi primer destino durante cinco cursos.

En el colegio tuvo dirección espiritual con un sacerdote, un preceptor que también le ayudaba en lo académico, en lo humano y también en lo espiritual. Había Misa diaria y voluntaria, oraciones al principio y al final del día, pláticas por clase del sacerdote semanales... En este ambiente trató a Jesucristo, ya que su abuela había querido que lo bautizasen y sus padres no habían puesto obstáculos. Con los compañeros de su clase fue mejorando hasta que a los 15 años volvió a ir por el camino equivocado. En bachillerato se cambió a un instituto público con sus amigos de las fiestas.

Entró de lleno en todo lo que le ofrecía el mundo: alcohol, drogas, chicas, fiestas... Pero nada le hacía feliz. Había dejado los porros, pero los había sustituido por otro tipo de drogas. Su madre ya no sabía lo que hacer. Se mudaron a la otra punta de Madrid, después se fueron a Bilbao.

Krisna estaba cansado y desesperado, su vida era un asco, hasta que por fin una noche rezó un *padrenuestro*. Otro día entró en una iglesia y se arrodilló para pedir ayuda a Dios. En otra ocasión se confesó como cuando era alumno de Andel. De pequeño también había ido a Argüelles, una asociación juvenil del Opus Dei, donde disfrutó muchísimo con la naturaleza, los planes de aventura... En el confinamiento hicieron una videollamada los de su promoción. Cuando vio tan bien a su antiguo monitor y a esos compañeros con los que hacía 10 años que no coincidía, todos ellos luchando por seguir a Jesús, preguntó al monitor si había algo parecido a Argüelles en Bilbao.

Él había intentado buscar por su nueva ciudad algún grupo de jóvenes en las parroquias, pero no encontró nada. Hasta que su antiguo monitor le puso en contacto con un agregado joven del Opus Dei y este lo llevó a la asociación juvenil en la que colaboraba. Krisna y el agregado de Bilbao se parecen mucho porque les encanta todo tipo de deportes, sobre todo la montaña y en concreto la escalada.

Krisna consiguió dejar la mala vida y centrarse cada vez más en el Señor. El cambió fue paulatino pero drástico, gracias a la dirección espiritual; pero sobre todo, a lo que habían rezado su abuela, su madre y mucha otra gente. Un amigo mío que trabajaba en un banco y que ahora es sacerdote, me contaba que él había atendido a su padre y que le había hablado de toda su familia. Seguro que también rezó por todos.

Yo no conocí a Krisna cuando estuvo en Andel, pero sí que había dado clase a los de su curso. Cuando él llegó al colegio, yo estaba en Pamplona estudiando teología. Entonces sus amigos me contaban de Krisna que era buen chaval, pero después, cuando había salido del colegio, sus antiguos compañeros me contaban de él que solo se dedicaba a escalar y a fumar porros. Me dio mucha pena y también rezaba por él.

Te recomiendo el vídeo

Hoy, cuatro años después de su cambio, es una persona totalmente distinta. Es alegre, deportista, superservicial, muy piadoso, trabajador y muy buen cocinero. Ahora es miembro agregado del Opus Dei. Ha descubierto que Dios le ha llamado a una entrega total mediante el celibato para ayudar a muchas almas a llegar a Dios. Él ha pasado de la oscuridad a la luz, de lo que te ofrece el mundo a lo que te da Dios. No tiene nada que ver, ahora es plenamente feliz. Te dejo el testimonio que le grabé por si le quieres poner cara y conocer más[61].

El vídeo de Krisna ha salido en varias páginas web católicas. Incluso una televisión pública nos pidió que preguntáramos a Krisna si quería acudir a un programa suyo. Pero hablando con él vimos que era mejor que no fuese porque esa cadena tiene una ideología anticristiana y no queríamos que le ridiculizasen en público. Ya que ellos juegan en su terreno y tienen todas las de salirse con la suya.

61 https://youtu.be/qpCPSKz-mKs?si=zGiiMXiARTOYE4EP

Los cristianos tenemos que estar vigilantes con los peligros ajenos. Todos los días sería conveniente que recemos por las conversiones de los pecadores, por los que van por el mal camino…, y que ayudemos en lo que podamos a rescatar almas que se dirigen de lleno a las profundidades del abismo.

6. 2. LAS CADENAS

Quizás la historia más famosa de la literatura sea la de la *Odisea*. Ulises tiene que volver de la larga guerra en Troya. El héroe legendario quería reencontrarse con su agraciada mujer Penélope. Ella había tenido que librarse de muchos pretendientes ante la falsa noticia de la muerte de su marido. Él quería volver en su viaje náutico cuanto antes a su casa. Pero el camino más rápido entrañaba riesgos. Tenían que pasar por una isla en donde muchas embarcaciones habían naufragado debido al canto embriagador de unas sirenas que buscaban la perdición de los marineros. En efecto, cuando los que pasaban cerca escuchaban la melodía, perdían el control de las embarcaciones y se estrellaban contra el archipiélago en que la playa más cercana estaba blanqueada por todos los restos de huesos humanos.

Ulises quiso pasar por allí y conocer esa grandiosa melodía que tantas veces ha escuchado en distintas historias al calor de las hogueras. Pidió al resto de la tripulación que se tapasen los oídos y que le ataran con cadenas al mástil del barco para así poder escuchar el canto de las sirenas. Pidió que nadie le hiciese caso si pedía ser liberado porque era posible que enloqueciese en esos instantes. Cuando pasaron ese obstáculo, Ulises se serenó y le volvió la cordura. Pudo regresar a su casa y volvió a ver a su querida mujer. En el encadenamiento de Ulises vemos cómo el héroe elige un sacrificio voluntario para librarse de un gran peligro.

En un audio que subí hablando de las bondades de la vida sacrificada para ser más libres, hubo varios comentarios de gente que se me echaron encima como lobos. Cuando un cristiano habla de mortificación y de una vida sacrificada, la mayoría de las personas le miran con recelo. Para el mundo de hoy parece algo anacrónico, perteneciente a otra época pasada, pero que no se entiende en el día de hoy. En un mundo que está en constante búsqueda del placer, algunos no comprenden que alguien quiera hacer un esfuerzo por Dios.

Sin embargo, alaban a las personas que hacen sacrificios con las dietas, los gimnasios, las operaciones estéticas... Parece que si es en beneficio propio sí es adecuado, pero cuando es para ofrecérselo a Dios y para pedir por los demás está desfasado.

Las mortificaciones que Dios nos pide a los cristianos no son cosas dolorosas, insufribles. Son más bien del estilo de la puntualidad a la hora de levantarnos, no perder el tiempo con las pantallas, ni durante el estudio o el trabajo, intentar ser mejores en lo que hacemos, ser más sonrientes, tener detalles de servicio con los demás, no ser demasiado cómodos, ofrecer algún pequeño sacrificio en la comida, interesarnos por las cosas de quienes nos rodean, cuidar al más desprotegido y a los que no nos caen tan bien...

San Pablo nos pedía: «Os exhorto, pues, hermanos, por la misericordia de Dios, a que presentéis vuestros cuerpos como sacrificio vivo, santo, agradable a Dios; este es vuestro culto espiritual»[62]. Nuestros sacrificios pueden ayudar a mucha gente cuando los ofrecemos por intenciones concretas. Pero al primero que le viene genial es a cada uno de los que lo realizamos. Si una persona es capaz de hacer muchos sacrificios, tendrá muchos vencimientos y cuando se enfrente a grandes tentaciones sabrá muy bien cómo defenderse. Ser mortificado ayuda a saber cómo combatir el canto de las sirenas.

62 Rom 12, 1.

Como afirmaba un padre de la Iglesia, la lucha nos ayuda a vencer nuestras malas inclinaciones: «¿Cómo es posible conseguir en una naturaleza inestable la estabilidad y constancia en el bien? No es coronado nadie que no haya luchado (1 Ts 5, 23) y no hay certamen válido si no ha habido adversario, porque no hay victoria si no hay alguien que es vencido.

Así pues, luchemos contra lo que hay de inconstante en nuestra naturaleza, oponiendo los pensamientos a nuestro adversario como en un cuerpo a cuerpo, de tal forma que seamos vencedores no por derribar la naturaleza, sino impidiendo que caiga[63]».

La madre santa Teresa de Calcuta aconseja en una carta a un sacerdote que se quejaba de un dolor de espalda, cómo tenía que afrontar su padecimiento para sacar mayores frutos: «Conserve la luz, Jesús arde en usted con el aceite de su vida. El dolor de su espalda —la pobreza que siente son gotas de aceite que mantienen la luz, Jesús ardiendo y disipando las tinieblas del pecado por dondequiera que vaya. No haga nada que incremente el dolor— acepte simplemente con una gran sonrisa lo que Él le dé, con mucho amor»[64].

6. 3. *SUP RIVER*

Estos últimos años se han puesto de moda deportes acuáticos como el *kite surf* o el *wing foil* que me encanta practicar. Pero hay otro que también ha salido hace como seis años, que se llama *sup river*. Consiste en descender ríos con tablas de *paddel surf* hinchables. Ya lo explicaba al comienzo de este capítulo.

63 San Gregorio de Nisa. Sobre la perfección, págs. 86-87.

64 Teresa de Calcuta. *Ven, sé mi luz*, pág. 336.

Pero no solo ríos mansos, sino con rápidos. Pongo un vídeo que filmé hace tiempo a modo de ejemplo[65].

Mi amigo Jesús Barrón es un pionero en la práctica de algunos deportes acuáticos. Él era *shaper* de tablas de surf. De hecho, la primera tabla de surf que yo tuve me la hizo Jesús.

Cuando vio en un vídeo que se habían construido tablas de *paddle surf* para pillar olas, fue el primero en España que se fabricó una tabla así para probarla. Consiguió un remo y se le da genial surfear, en este caso de pie, con una tabla más grande impulsado por el remo. Más tarde vino a vivir a Madrid, pero al estar lejos del mar, le faltaba su dosis de deporte acuático. Hasta que se pasó al *wind surf* y más tarde al *sup river*, tras ver otro vídeo de un americano que bajaba los rápidos de pie en una tabla de *paddle surf* hinchable.

Jesús es un entusiasta. Me convenció rápidamente para ir con él a los ríos. Hemos bajado cantidad de ellos por el centro de la península y por los Pirineos. Al ser un deporte de riesgo vamos preparados con casco, chaleco, rodilleras, cuerda de rescate, candado especial para liberarnos del invento (cuerda que se engancha a la tabla), y más cosas…

Los imprevistos pueden ser de todo tipo, desde cruzarnos con jabalís, sortear árboles caídos, excursiones agotadoras,

65 https://youtu.be/4_1tKDv2l90?feature=shared

cascadas de muchos metros o zonas con poca agua que toca portear... Aunque las zonas por las que transitamos compensan esas pegas por la belleza de sus paisajes. En muchos ríos hemos sido los primeros en descender por allí. Los hemos bajado en cualquier estación, muchísimas veces en invierno con días muy fríos. Un día bajamos el río Eresma con nieve en las orillas y bloques de hielo en las ramas. La temperatura del agua ese día era de 3,5 grados. Allí estuvimos cuatro horas hasta que terminamos. Los paisajes en cada bajada son increíbles.

Dependiendo de la zona del río, el fondo es diferente. Los hay con granito que forman marmitas, de tierra, de piedra caliza, incluso suelo de pizarra, que son peligrosos porque es fácil pinchar. Si la tabla pierde el aire es agotador salir de allí con la tabla y todo el resto del material al hombro. Sobre todo, porque los recorridos que hacemos no son de 30 minutos, sino más bien de unas cuatro horas de media, unos 15-20 kilómetros. De todos los deportes que he practicado para mí, el *sup river* es el más agotador.

Cada vez que hacemos un descenso nos encomendamos al Señor, a la Virgen y a un amigo nuestro, Víctor Bilbao, que era agregado del Opus Dei y falleció haciendo este deporte. Mi amigo Jesús Barrón y yo pensamos que estará con total seguridad en el cielo por lo maravilloso que era en la tierra y por lo cerca que estaba de Dios. Cuando completamos el tramo que queremos bajar del río, damos gracias a Dios por el regalo que nos ha hecho con la creación y con esa bajada memorable para el recuerdo.

Un día en que subí un vídeo realizando este deporte, uno de los comentarios me llamó la atención. Una persona daba gracias por el regalo de la creación. Me vino muy bien para releer la Encíclica del papa Francisco *Laudato si:* «¿Qué tipo de mundo queremos dejar a quienes nos sucedan? Lo que está en juego es nuestra propia dignidad. Somos nosotros los primeros interesados en dejar un planeta habitable para la humanidad que nos sucederá»[66]. En las redes sociales se habla mucho de este aspecto, pero pocos desde un punto de vista cristiano, por eso nosotros le tenemos que dar este nuevo enfoque.

El título de este escrito del papa Francisco es el comienzo de una de las frases más célebres de san Francisco de Asís: «Alabado seas, mi Señor, por la hermana, nuestra madre tierra, la cual nos sustenta, y gobierna y produce diversos frutos con coloridas flores y hierba». Una cosa que nos puede servir a nosotros es darle gracias a Dios cuando en las redes sociales vemos paisajes impresionantes. Además de cuidar el planeta es adecuado ser agradecidos.

La visión mundana puede llevarnos al ver fotos de otras personas en sitios espléndidos, a criticar, a tener envidia..., mientras que la visión cristiana nos ayuda a dar gracias a Dios y a pedir por la fe de los que aparecen en la pantalla. Si somos muy agradecidos a Dios por todo lo que tenemos, descubriremos lo afortunados que somos y dejaremos de tener envidia. Es verdad que siempre habrá gente con más cualidades, más recursos que nosotros, pero comparados con el global del mundo, seguro que somos unos privilegiados.

6. 4. NO ESTAMOS SOLOS

José Salvador Alvarenga es la persona que más tiempo ha sobrevivido a la deriva en alta mar. El 17 de noviembre de 2012, zarpó de un pueblo de la Costa Azul de México.

Él era pescador y salió con Ezequiel Córdoba, otro pescador. Nunca habían trabajado antes juntos. Al poco de embarcar les pilló por sorpresa una gran tormenta durante cinco días que les rompió el motor, las velas, los remos. No podían utilizar

66 *Laudato si*, capítulo IV.

los aparatos electrónicos, los aparejos de pesca, el timón…, por tanto, el temporal los dejó a la deriva.

Los dos marinos se alimentaron de los peces y aves que capturaban y bebían del agua que recogían de la lluvia. No podemos hacernos una idea de lo duro que fue. Ezequiel a los cuatro meses no aguantó más y se dejó morir de hambre. José Salvador siguió luchando. A cada barco que veía les hacía señas, pero nunca lo vieron. Hasta que más de un año después divisó tierra y se lanzó al agua para alcanzarla: era la isla Marshall, al otro lado del Pacífico de donde había zarpado, a 10 780 kilómetros. Permaneció 438 días en alta mar a la deriva.

En la CNN le hicieron una entrevista en exclusiva, le preguntaron cómo había aguantado tanto tiempo en el mar. José levantó su dedo índice al cielo y mirando en la misma dirección afirmó: «Dios… Mi fe en Dios».

El darse cuenta de que no estaba solo, que Jesús estaba sufriendo con él le sirvió para no tirar la toalla, para seguir luchando. Un cristiano no está nunca solo, siempre nos sentimos ayudados y comprendidos por Jesús.

Un testimonio antiguo, pero genial, que recalca a la perfección esta característica es el secuestro del arquitecto mexicano, Bosco Gutiérrez[67]. Yo he utilizado el vídeo para mandárselo

67 https://youtu.be/TzNvZRExQdc?si=dbCNrqNGXS_TR6ss

a las personas que veían su vida con desilusión por todas las preocupaciones que tenían encima. Después de ver y oír a una persona que está encerrada 275 días contra su voluntad y cómo con la ayuda de Dios no se hunde, sino que se va dignificando cada vez más como persona... Este tipo de vídeos ayuda a otros a plantearse la magnitud de sus preocupaciones.

Hace dos años, subí un vídeo contando el favor que había recibido del Señor. En ese momento tenía una bici de doble amortiguación y un día quería dar unos saltos. A unos 8 kilómetros de mi casa tengo una trialera. Los descensos y los saltos allí son muy divertidos. Ese día no llevaba el móvil, pero sí una cámara de aventura de las baratitas.

Bajé por las trialeras varias veces y en un salto en que llevaba bastante velocidad, cuando aterricé, caí al suelo sin saber cuál había sido el motivo. Me di un buen golpe. De primeras parecía que no tenía nada roto, pero sí mucho dolor. Estuve a punto de clavarme en el costado una rama que estaba recortada. Cuando vi la bici descubrí que la llanta estaba doblada y que se había ido todo el líquido antipinchazos por un radio de la rueda que se había roto.

En ese momento utilizaba la bici sin cámaras dentro de las cubiertas. Ya que tenía un líquido antipinchazos que tapaba todos los poros producidos por los pinchos. Pero al romperse la unión del radio con la llanta, por el agujerito salió el aire en el momento de la recepción del salto y yo me fui al suelo.

En el vídeo explicaba en ese momento que me encontraba demasiado lejos de casa para caminar con tanto dolor, alejado también de cualquier carretera, sin móvil, con la bici impracticable. En esas circunstancias le recé a Dios algo así como: «Gracias por no romperme nada aparentemente (ya que tenía mucho dolor por el golpe); pero, Jesús, tengo que volver a mi casa, que está a varias horas andando con la bici rota, por favor ayúdame».

Un minuto después vi una bolsita muy pequeña en el suelo en medio de la trialera. Normalmente, no voy abriendo bolsitas, pero esa me llamó la atención. Al mirar el contenido, vi otra bolsa de plástico naranja. La estiré y descubrí que tenía forma de cámara de bici. Además, coincidía con la medida de mi rueda, que era de 29 pulgadas, que es la medida más grande de las tres más habituales. Además, venía con una válvula para acoplarla. Yo nunca había visto ese modelo de cámaras, después me explicaron que se llamaban *tubolito* y la pude acoplar a mi rueda e inflarla. Normalmente, llevo un hinchador en la bici, porque no lo quité de cuando usaba cámaras en las ruedas. Pero desde que pasé al líquido antipinchazos, ya no me hacía falta. Si lo hubiese pensado, lo habría quitado de la bici, ya que hay otros que son capaces de hinchar más rápido.

Dios siempre nos acompaña y protege. Está velando por nosotros día y noche. Nosotros tenemos que darnos cuenta y vivir de cara a Él. Cuando subí el vídeo varios amigos comentaban cómo me protegía el Señor, yo les respondí que mucho mejor de lo que me lo merezco.

Esta cercanía sobrenatural es la que tenemos que presentar en las redes para que las personas descubran que Dios está con ellos. Que no tenemos que hacer la guerra cada uno por nuestra cuenta, sino que Jesús nos acompaña, pase lo que pase. «Yo soy un Dios cercano y no un Dios lejano[68]». Él no se va a marchar de los momentos difíciles de nuestra existencia.

Pero para llegar a Jesús hay que ir desde la humildad como afirmaba Benedicto XVI en una homilía en un día de Navidad:

> Quien quiere entrar hoy en la iglesia de la Natividad de Jesús, en Belén, descubre que el portal, que un tiempo tenía cinco

68 Jer 23, 23

metros y medio de altura, y por el que los emperadores y los califas entraban al edificio, ha sido en gran parte tapiado. Ha quedado solamente una pequeña abertura de un metro y medio para evitar que se entrara a caballo en la casa de Dios. Quien desea entrar en el lugar del nacimiento de Jesús, tiene que inclinarse. Me parece que en eso se manifiesta una cercanía más profunda, de la cual queremos dejarnos conmover en esta Noche santa: si queremos encontrar al Dios que ha aparecido como niño, hemos de apearnos del caballo de nuestra razón «ilustrada». Debemos deponer nuestras falsas certezas, nuestra soberbia intelectual, que nos impide percibir la proximidad de Dios. Debemos bajarnos, ir espiritualmente a pie, por decirlo así, para poder entrar por el portal de la fe y encontrar a Dios, que es diferente de nuestros prejuicios y nuestras opiniones: el Dios que se oculta en la humildad de un niño recién nacido[69].

6. 5. COMO LOS BARCOS ALEMANES

Para muchos clientes, los barcos construidos por algunas navieras en Alemania son los más fiables. Igual ocurre con algunas marcas de coches. Con los años mantienen su prestigio y pasan a ser marcas de referencia. Este mismo influjo tenemos que procurarlo durante nuestra vida. Lo conseguiremos por medio de una familia con buena base cristiana, del colegio, de los amigos, de nuestra manera de vivir…

Tengo la suerte de haber estudiado y ahora ser capellán del colegio Retamar. Es un colegio que la formación espiritual está encomendada al Opus Dei. Somos muchos los alumnos que hemos salido de este colegio con la clara idea de ser santos en

69 Benedicto XVI, Homilía de Nochebuena de 2011

nuestra vida ordinaria, por medio de nuestro trabajo y de las costumbres cristianas.

Como es lógico, ha habido muchos exalumnos que han visto su vocación. Ya que la mayoría provenimos de familias profundamente católicas y con el plus del colegio todo suma. De mi promoción hay varios numerarios y supernumerarios, y somos cuatro sacerdotes.

El alcalde de Madrid, José Luis Martínez-Almeida, también es antiguo alumno de Retamar. Este año, cuando le invitaron al seminario de Madrid, preguntó cuántos eran también de su colegio. De los sesenta seminaristas levantaron la mano diecinueve. Creo que, si a la sociedad le damos un buen entorno piadoso y ejemplar, cercano a Dios eso atrae a muchísimas personas a seguir a Jesucristo.

El primero que se ordenó de mi promoción es el que menos tiempo pasó en el colegio. Apenas unos meses. Sus padres lo matricularon a ver si era capaz de cambiar de vida. Pero no fue suficiente, su adolescencia le estaba llevando por malos caminos. En el colegio le invitaron a que buscase otro centro educativo. Sus padres le enviaron a un internado en Sigüenza. En lugar de enderezarse se torció mucho más. Entró en las drogas, no solo consumía, sino que también vendía. Incluso le encantaba pintar grafitis por la calle, o en los trenes. Sus padres le ayudaron en todo momento e intentaban que mejorase, no se dieron nunca por vencidos, tuvieron muchísima paciencia y un cariño infinito.

Un día, su madre lo acercó a la iglesia de su pueblo. Allí habló con un sacerdote que le animó a cambiar de vida. Descubrió la llamada de Dios. Pasó por el seminario, se ordenó y hoy él es un gran sacerdote. Te dejo el vídeo por si quieres conocer mejor la historia del *padre Pachús*[70].

70 https://youtu.be/TScPW7HFkck?si=wYvVTNFwXr6BBksL

Como San Pablo le pide a Tito en su carta: «Muéstrate en todo como un modelo de buena conducta; en la enseñanza sé íntegro y grave, irreprochable en la sana doctrina, a fin de que los adversarios sientan vergüenza al no poder decir nada malo de nosotros»[71]. Si somos personas verdaderas ayudaremos a cambiar vidas resquebrajadas.

Los cristianos tenemos que ser modelos de buena conducta. Pero no de cara a los demás, sino en cada cosa que hagamos, aunque pensemos que nadie nos ve. Dios conoce lo más profundo de nuestros pensamientos e intenciones: «Tú, en cambio, cuando ores, entra en tu cuarto, cierra la puerta y ora a tu Padre, que está en lo secreto, y tu Padre, que ve en lo secreto, te lo recompensará»[72].

Todo lo que tengamos que hacer, tiene que ser de cara a Dios; desde que nos levantamos hasta que nos acostamos. Cada cosa que hacemos no la tenemos que realizar por nuestra propia gloria, sino por la del Señor. Cada vez que nos viene un pensamiento crítico hay que rechazarlo, cada vez que pulsamos en una página de internet tenemos que dar mucha gloria a Dios, no podemos entrar en zonas que si nos viese nuestra madre se avergonzaría.

---

71 Tt 2, 7.

72 Mt 6, 6.

En definitiva, tenemos que luchar por ser ejemplares para salvar vidas y cada cosa que hagamos que la realicemos sabiendo que Dios nos ve desde el cielo. A Él tenemos que agradar, no a nosotros mismos.

Como reflejaba el santo cardenal inglés, entre los creyentes no tenemos que agradarnos a nosotros mismos:

> La única ambición de la mayoría de las almas que se estiman como hombres de conciencia y religiosos, y que son lo que comúnmente se llaman honorables y rectos es, según parece, no la de agradar únicamente a Dios, sino la de agradarse a sí mismos sin desagradarle a Él... Hacen de este mundo el primer objetivo y usan la religión como freno para limitar la atracción que sienten por él y su adhesión al mismo[73].

6. 6. EL LADO BUENO DE LAS COSAS

Un cristiano tiene que ver el vaso medio lleno. No podemos ser agoreros, pesimistas, tristes, fatídicos..., sino ver el mundo con los ojos de Dios. Tener los mismos sentimientos de Cristo. Eso es lo mismo que tener alma sacerdotal. Esta no la recibimos a consecuencia del sacerdocio ministerial, sino como efecto del bautismo.

El beato Álvaro del Portillo lo glosaba de la siguiente manera:

> El alma sacerdotal significa tener los mismos sentimientos de Cristo Jesús, sumo y eterno Sacerdote: afán de almas; un deseo ardiente de unir todas las acciones al Sacrificio de Cristo para la salvación del mundo; buscar la mortificación y la penitencia, sabiendo que *tener la Cruz, es tener la alegría: ¡es tenerte a Ti, Señor!*[74]

---

73 San John Henry Newman, Sermones.

74 Beato Álvaro del Portillo. Explicando el libro de *Forja de San Josemaría*, n. 766.

Que un católico tenga alma sacerdotal se concreta en que busca alabar constantemente a Dios, darle gracias, ofrecerle el trabajo, realizar pequeños sacrificios con espíritu de reparación y en pedir la ayuda del Señor con celo por la salvación de las almas. En definitiva, estar muy unido a Dios con ganas de convertir muchas personas.

Hay un programa en TRECE televisión, que se llama «*el lado bueno de las cosas*», sus vídeos los utilizo mucho en los cursos de retiro con adolescentes, los suelo poner durante las comidas para que estén atentos a historias motivadoras. En uno de los programas sale Juan Martiarena, que además es amigo mío. Es la historia de un chaval muy normal y superdeportista que en un accidente de moto se queda en silla de ruedas. En lugar de hundirse sabe afrontar la situación con renovada fortaleza e ilusión[75] y muy cerca de Dios.

A las personas hay que mostrarles vidas ejemplares y vidas complicadas que han sabido tirar para adelante con la cercanía y la ayuda de Dios. Tengo un amigo que se llama Gonzalo Goiri que también va en silla de ruedas. Nació con una parálisis cerebral del 89 % en una familia con grandes recursos. Se

75 https://youtu.be/c_p7mkpbzLU?si=BhlwuhayQltpYKDD

crio y educó en los mejores centros que le ayudaron enormemente en su estimulación.

Pero en su adolescencia cambió la ley educativa y le mandaron a un instituto público donde sufrió un *bulling* descomunal. Si no llevaba dinero o bollería a los *cabecillas* de la clase, le sacaban su cuerpo por la ventana de la clase en un tercer piso, le metían su cabeza en los retretes…

Con el fallecimiento prematuro de su madre empieza a tomar malas decisiones, demasiadas juergas, drogas… y va de mal en peor. Hasta que Dios entra en su vida y cambia 180°. Se acercó mucho a Jesús y enfocó su vida de otro modo. Una vez que me lo llevé al colegio para que los alumnos descubriesen su testimonio, dijo: «Dios me ha dejado salir de una parálisis cerebral para algo, no para que me tire por la borda. Desde entonces veo la enfermedad como un encargo».

Tras mostrar a las personas estos ejemplos es bueno recoger. Preguntar a los que lo han visto qué les ha parecido. Este tipo de testimonios son historias impactantes, siempre se pueden sacar moralejas y propósitos concretos para el día a día.

Como afirmaba san Juan Pablo II en España, en el largo viaje que realizó en el 82, a los profesores universitarios:

> Debemos servir a los hombres y mujeres de nuestro tiempo. Debemos servirles en su sed de verdades totales, sed de verdades últimas y definitivas, sed de la palabra de Dios, sed de unidad entre los cristianos[76].

Esta sed la podemos saciar viviendo nuestra alma sacerdotal y mostrando al mundo ejemplos elocuentes de cristianos con vidas admirables para que así vean la apremiante necesidad de acercarse más a Cristo, como describía el papa Pío XII:

---

76 San Juan Pablo II, Discurso a los profesores de teología de la Universidad de Salamanca del 1 de noviembre de 1982.

> El primer impulso que debe mover al alma sacerdotal tiene que ser el de unirse estrechamente a Cristo, para aceptar con docilidad y en toda su integridad las divinas enseñanzas y llevarlas a la práctica en todos los momentos de su vida, con tal diligencia que la fe sea constantemente la luz de su conducta y su conducta sea el reflejo de su fe[77].

6. 7. MENTALIDAD DE TIBURÓN

Dependiendo de las épocas, hay unas expresiones más de moda que otras. Desde hace un tiempo se oye a mucha gente que dice que hay que tener *mentalidad de tiburón*. O lo que es lo mismo: *ir a por todas, no ser mediocres,* en definitiva, no ser personas conformistas.

No es bueno que los laicos en el mundo tengan una mentalidad clerical (entendida en el mal sentido), ya que no es su estado. Más bien deben tener una mentalidad laical y el alma sacerdotal. Pero no mentalidad clerical.

En concreto, un católico en las redes sociales actúa por cuenta propia, no es el representante máximo de la Iglesia. Debe tener iniciativa, no debe ser el perrito de sacerdotes o de religiosos.

La mentalidad clerical es la que opina que en las cosas del mundo solo una persona comprometida con Dios puede acertar en sus actuaciones u opiniones. Que a los laicos les falta formación o gracia de Dios.

Pero para nada es eso lo que ocurre. Los laicos están más metidos en la sociedad que las personas que se han apartado del mundo. Es muy conveniente que sean ellos los que

77 Pío XII, Enciclica *Menti nostrae.*

hablando con el mismo lenguaje que sus iguales, cambien el ambiente con *mentalidad de tiburón*.

La primera semana en que me fui a vivir a Pamplona para estudiar teología no conocía a casi nadie. Una mañana me fui a escalar a la Ciudadela, que es un recinto amurallado que se encuentra dentro de la ciudad, perfecto para la práctica de este deporte al aire libre. Se puede escalar individualmente, porque aquí se avanza en horizontal cientos de metros. No hace falta cuerda y, por tanto, no tienes que ir con otra persona para que te asegure, como cuando se escala verticalmente.

Cuando llevaba un rato escalando me senté a descansar y me puse hablar con un tipo un poco más mayor que yo. Él estaba fumando droga y entablamos una conversación agradable. Le conté que acaba de llegar a la ciudad, me recomendó zonas donde poder escalar cerca de Pamplona.

Cuando llevábamos quince minutos hablando me hizo una confidencia: «Tú que acabas de llegar a Pamplona debes tener cuidado de dos tipos de personas. Unos son los etarras (en ese momento el grupo terrorista seguía activo, dos años antes habían atacado con una bomba, una vez más, al edificio central de la Universidad de Navarra) y los otros son los del Opus». Yo rápidamente le contesté que entonces solo debía tener cuidado de un tipo de persona. Me miró con inquietud y me dijo: «Eres de la ETA». A lo que yo le respondí que no, que del Opus. El escalador con su porro en los dedos se me quedó mirando y añadió: «Nunca pensé que una persona del Opus sería como tú». Aproveché para hablarle de Dios, de la Iglesia y del Opus Dei.

El que tiene mentalidad clerical no suele mezclarse con personas que no son como él. Se vive una especie de endogamia que rechaza a los que no son como ellos.

Las personas solemos tener muchos prejuicios. Como afirma el dicho, «la ignorancia es muy atrevida». Las personas con poca formación religiosa tienen que descubrir la maravilla de ser cristianos cuando conozcan a unos buenos representantes de Jesucristo (a mí me queda mucho para llegar a este nivel). No serán para nada como se los han pintado otras personas.

Para entender la mentalidad clerical, el beato Álvaro del Portillo destacaba cómo la evitaba san Josemaría: «Un sacerdote que quería, eso sí, "vivir con sotana", pero nunca "vivir de la sotana". No aceptaba ni la "capellanización" de los laicos ni la "laicización" de los sacerdotes en política, economía o ciencia profana. Los laicos dedicados a conquistar sacristías eran, en su opinión, ejemplos de un clericalismo malo y pernicioso; y los clérigos que no se ocupaban de funciones sacerdotales, eran ejemplos de un laicismo no menos pernicioso. "Yo soy anticlerical —decía en 1972— porque amo al sacerdote"»[78].

Un día me invitaron a una romería a caballo. Era un recorrido largo de varias horas a la ida y otras tantas de vuelta. Yo no iba vestido de sacerdote. Mientras trotábamos me puse a hablar con unos y con otros. De los que íbamos solo tres me conocían. Durante un buen rato me puse a la par con otro jinete. Hablamos un poco de todo.

Él tenía una empresa con muchos trabajadores a su cargo, le iban bien los negocios. Cuando se interesó por lo que yo hacía le expliqué mi condición y mi labor sacerdotal. Se quedó muy sorprendido, no se lo esperaba. Me explicó que él estaba de acuerdo con la Iglesia en cuidar a los desfavorecidos. Pero no le parecía bien que la Iglesia tuviese tantas riquezas y no las repartiese entre los pobres. Ni tampoco que la Iglesia dijese a las personas cómo tenían que actuar. Lo que se puede o no hacer.

Yo le expliqué que las riquezas que tiene la iglesia son obras de arte de hace muchos siglos. Las personas que las encargaron tenían la idea de hacer una ofrenda a Dios para rendirle culto con buenos templos, pinturas, esculturas… Pero que si se vendiese sería *pan para hoy y hambre para mañana*, mientras

78 Peter Berglar, *Huellas en la nieve*, biografía del Fundador del Opus Dei.

que si se sigue cuidando eso puede generar dinero con museos, entradas en los templos para cuidar a los necesitados. De hecho, le explicaba que yo con los jóvenes frecuentaba los comedores sociales y que todos ellos son de iniciativas de católicos. No conozco ningún partido político que cubra las necesidades primordiales de los desfavorecidos. La Iglesia católica es la institución que más ha ayudado y sigue ayudando a los desfavorecidos. Y que muchos de los que se quejan de sus riquezas son los que menos suelen ayudar a los necesitados (diciendo que no me refería a él que no le conocía nada más que de ese rato).

Con respecto a su segundo prejuicio, él me contó que tenía unas costumbres muy liberales. Siempre que había vivido con una mujer bajo el mismo techo, le había dejado claro, desde el primer momento, que no sería exclusivamente fiel a ella, sino que podría haber más mujeres en la relación. Me contó que a todas con las que compartió domicilio les pareció bien. Pero no entendía que la iglesia no dejase a las personas vivir su libertad.

Yo le conté que Dios no nos pone unos mandamientos para fastidiar, sino para vivir más libres y felices. Nos enseña el camino por el que debemos transitar evitando los peligros. Igual que cuando compramos un electrodoméstico nos viene el libro de instrucciones (que en España nadie lee) donde dice cómo enchufarlo, cómo protegerlo y qué cosas debemos evitar. El Señor nos da las instrucciones, con los preceptos que le otorga a Moisés, para utilizar mejor el mecanismo de la nuestra vida. Si en las instrucciones de una lavadora viene que no la tiremos por la ventana. Aunque uno piense que es más libre por hacer lo que quiera con su lavadora, si la lanza por una ventana, la rompe. Lo mismo hace Jesús con nosotros al protegernos con los mandamientos. Dios con esas instrucciones nos libra de los peligros.

Le seguí explicando que cuanto más cerca de Dios estamos es porque elegimos el camino del bien y eso nos conduce a la libertad. Mientras que el pecado conlleva el mal, y este encamina a la esclavitud de los vicios.

Se quedó pensando. Llegamos a la ermita y mientras todos los otros jinetes romeros se dedicaron a beber cervezas, yo fui el único que se acercó a rezar a la Virgen. Le pedí a mi Madre por todas esas personas, especialmente, por el que había estado hablando más de una hora. A mitad del camino de regreso volvimos a coincidir, se sinceró conmigo. Me dijo que había una cosa de la que se arrepentía grandemente en su vida, era alguna tendencia sexual mal enfocada que le había hecho realizar actos de los que estaba muy arrepentido.

En ese momento, le pregunté si creía que haber vivido los mandamientos que pide la Iglesia, en concreto con la sexualidad, le habría ayudado a no tener estos problemas y habría vivido más feliz. Me respondió con un rotundo SÍ. Dios no nos da unos mandamientos para esclavizarnos, sino para hacernos más libres y felices.

7.
Mare Nostrum

Los romanos llamaban al mar Mediterráneo *Mare Nostrum*, es decir, «nuestro mar.» Ya desde la época de Julio César, hasta el siglo V después de Cristo, a través del agua, junto con las calzadas romanas, era la principal manera de moverse por el Imperio.

Como Roma, durante la época imperial, no tuvo rival en el Mediterráneo, floreció el transporte de personas y el comercio, las transacciones económicas llegaron incluso hasta China.

Ahora, gracias a internet, tenemos muchísima facilidad para transitar el nuevo mar de la nube. Aquí debemos respetar los derechos de los otros, no avasallar a los demás, no entrar en disputas, ser muy positivos, agradables. Mostrar en las redes la cara de Jesucristo que siempre es amable y paciente.

Como ya he explicado con anterioridad, participo en varias iniciativas apostólicas digitales. Una de ella es la *app* de *Hallow*, que tiene más de catorce millones de descargas, y retos con seguimiento de millones de personas. Yo todos los días subo un audio. Muchos días recibo mensajes de aliento para seguir colaborando y además de agradecimiento.

Hoy he recibido un mensaje de una persona que no conozco: «Hola, padre, le escribo desde Chile para agradecerle por sus cápsulas de *(Un momento con Jesús)* en *Hallow*. Estoy preparando mi examen de grado de Derecho, que rendiré dentro de un mes, y escucharlo todos los días ha sido un momento de paz y de oración que ha representado realmente un fortalecimiento de mi fe y, definitivamente, me han permitido acercarme más a Jesús en el día a día. Muchas gracias y le mando un gran abrazo».

Los cristianos tenemos que contribuir —en la medida de nuestras posibilidades— a cristianizar internet. Debemos anunciar la verdad: «Ceder el puesto al enemigo, o callar cuando de todas partes se levanta incesante clamoreo para oprimir a la verdad, propio es, o de hombre cobarde, o de quien duda estar en posesión de las verdades que profesa. Lo uno y lo otro es vergonzoso e injurioso a Dios; lo uno y lo otro contrario a la salvación del individuo y de la sociedad: ello aprovecha únicamente a los enemigos del hombre cristiano, porque la cobardía de los buenos fomenta la audacia de los malos»[79].

7. 1. LA BANDERA

En alta mar lo que antes se ve de una embarcación es la bandera. Ella indica la procedencia o advierte de las intenciones. Los cristianos no hace falta que llevemos camisetas con imágenes piadosas, el cuello lleno de rosarios o un crucifijo gigante en las manos. Pero sí es normal que hablemos de lo que llevamos en el corazón.

Como afirma Jesús: «El hombre bueno, de la bondad que atesora en su corazón, saca el bien, y el que es malo, de la maldad, saca el mal; porque de lo que rebosa el corazón habla la boca»[80]. Los cristianos debemos hacer presente al mundo lo que llevamos en el corazón, que ojalá sea el amor a Dios. Como

79 Leon XIII, *Sapientiae christiae*, n.º 18.
80 Lc 6, 45.

afirmaba santo Tomás de Aquino, «El obrar sigue al ser». Si somos buenos cristianos obraremos como tal.

Cuando vivía en Pamplona mientras me formaba para ser sacerdote, iba siempre al mismo zapatero. Era una tienda entrañable. Trabajaba la madre mayor con tres hijos de más de 40 años. Dos de ellos eran varones, el mayor había jugado mucho al balonmano y al menor, que es el que me atendió, le encantaba la montaña.

La primera vez que fui le pregunté si podía recauchutar mis *pies de gato* (en castellano significa poner una nueva suela a las zapatillas de escalada) y congeniamos enseguida. Él era muy aficionado a las excursiones por los Pirineos y otras montañas. Había hecho grandes travesías, le gustaba escalar tanto en roca como en hielo.

Cuando le llevaba algún calzado para poner tapas o cuando lo iba a recoger nos quedábamos un rato charlando de lo divino y de lo humano, y siempre afloraba nuestra afición al monte. A él no le importaba demasiado que las personas que venían después estuviesen esperando mientras nos poníamos al día (a mí me daba un poco de *cosa*).

Él no era practicante, ni había pensado demasiado sobre la existencia de Dios. Pero después de varios años de trato esporádico, le dije que me iba a ordenar diácono y después sacerdote. Él se alegró muchísimo y me dijo «*tienes que conseguir hacer muy feliz a la gente*».

Ese gran consejo lo recuerdo muchos días. Para eso es para lo que estamos en el mundo, no para buscar nuestra propia felicidad, sino la de Dios y la de las personas que nos rodean. De este modo además conseguiremos ser plenamente felices nosotros. Cuanto más nos damos, más recibimos y cuanto menos nos entregamos, menos tenemos.

Hace varios inviernos, un domingo por la tarde, había quedado con dos universitarios para hacer un iglú en la sierra de Madrid. Lo construiríamos después de que yo predicase un retiro. Como yo estaba muy cerca de la montaña, ellos tenían que venir en coche por su cuenta y yo iría con el mío.

Esa semana había estado nevando abundantemente y además había hecho mucho frío; teníamos las condiciones perfectas para nuestro objetivo. Cuando salí del retiro les llamé, pero no me pude poner en contacto con ellos. Así que me fui para la sierra donde habíamos quedado.

Cuando llegué, bajé del coche parte de equipaje necesario para construir un refugio en la nieve: sierras, palas, ropa de abrigo, linternas porque quedaba menos de media hora de luz y empecé a buscar el sitio idóneo.

Cuando descubrí el lugar apropiado, ya que era amplio, plano y con buena nieve para poder cortar con la sierra los bloques de hielo y así tener las paredes del iglú empecé a darle forma. Primero hice una circunferencia en la nieve para albergar a tres personas grandes. Después pisé el suelo de la futura estancia para apelmazar el terreno. Comencé a cortar los bloques que tenían mucha calidad y en espiral fui cerrando el círculo del iglú. A mitad del proceso, logro contactar con esos dos universitarios y me explican que no han conseguido coche y que no pueden venirse a la sierra (a mí me sonó a excusa). En fin, yo quería terminar lo que había empezado y dormir en la nieve, que era el reto. Mientras seguía cerrando el círculo se acercó en la oscuridad de la noche un hombre con un frontal en la cabeza, me preguntó qué estaba haciendo. Le enseñé cómo llevaba mi casita de la montaña. Después me preguntó a qué me dedicaba yo. Le respondí que era sacerdote y me respondió «Tiene que haber de todo en la viña del Señor». Yo le contesté que sí y le expliqué un poco de mi dedicación pastoral, se interesó por mi vocación. Hablamos de nuestras aficiones... Nos despedimos porque se le hacía tarde y yo me dediqué a terminar y a dormir esa noche en el iglú.

Ojalá que siempre que nos pregunten a los cristianos a qué nos dedicamos, podamos responder «a seguir a Jesucristo», «a buscar un sitio en el cielo», «a ser santo»... Ser cristiano y vivir como tal es la mejor bandera que podemos portar en nuestro deambular por el mundo.

Como afirmaba san Francisco de Sales, el patrono de los comunicadores:

> Queremos no los consuelos, sino al Consolador; no la dulzura, sino al Salvador; no la ternura, sino a aquél que es la suavidad del cielo y de la tierra; entre esos afectos debemos desear permanecer firmes en el santo amor de Dios, aunque toda nuestra vida no experimentemos consuelo alguno, perseverando en la voluntad de decir sobre el Calvario lo mismo que sobre el Tabor: ¡Oh, Señor, qué bien se está aquí! ¡Contigo, en tu cruz o en tu gloria![81].

7. 2. PELIGRO DE EXTINCIÓN

Tenemos que cuidar las especies que están en peligro de extinción. En el mar tienen especial peligro de desaparecer, entre otros, el pez luna, la mantarraya gigante, el pez espada, la ballena azul, el tiburón blanco... Se han visto mermados por la pesca abusiva, por los productos químicos que se vierten al mar y la destrucción de gran parte de su hábitat natural, entre otras causas.

Una tarde de invierno salía de hacer *sup river*. Fuimos cuatro amigos y estuvimos bajando el río unas cinco horas. Cuando terminamos sobre las 17:30 se me estaba haciendo tarde y no pude ir a comer con ellos. Tenía que predicar dos meditaciones y exponer al Santísimo en dos sitios y no podía entretenerme.

Me cambié, cargué todo en mi coche, miré el móvil y tenía cuatro llamadas perdidas de un sacerdote amigo mío, al que

---

81 S. Francisco de Sales. Introducción a la vida devota, Parte 4, c 14, pág. 248.

al día siguiente iba a ayudarle en su parroquia. Como en mi coche no tengo manos libres, le llamé y me puse los cascos para hablar con él. Nada más salir, no había recorrido ni trescientos metros, al pasar por debajo de una carretera, me para un guardia civil. Me detengo. Él se acerca con su linterna y me dice: «no llevas puestas las luces y además estás conduciendo con cascos. Eso además conlleva la retirada de cuatro puntos del carnet de conducir y doscientos euros». Respondo que no sabía que estaba prohibido conducir con los cascos puestos mientras enciendo las luces. Me enfoca a la cara y con voz expresiva añade: «¡Anda, pero si eres un pater! Ten más cuidado que ya quedan pocos jóvenes como tú».

En occidente parece que cada vez hay menos gente católica practicante, que estamos en peligro de extinción. Pero no es así en el resto del planeta.

Este verano pasado estuve de campo de trabajo en Kenia, fui con 100 alumnos que habían terminado el colegio y al curso siguiente entraban la Universidad. Estuvimos 20 días y nos sorprendió la cantidad de gente joven que había en el país. La media de edad allí son 17 años y la esperanza de vida 47, ya que hay mucha mortalidad infantil.

Todos los días celebraba la santa Misa para los de la convivencia en el centro pastoral donde nos alojábamos. Pero los domingos íbamos a la Santa Misa a la catedral. Allí nos impactaba mucho ver el templo repleto, todo el mundo rezando, cantando, bailando y alabando a Dios. La religiosidad en el país es asombrosa, no hay casi ningún ateo. Pero en el *primer mundo* es diferente.

Sin embargo, como pasó al principio del cristianismo, contagiaremos ahora la fe los cristianos si tratamos a los demás como nos pide Jesús: «Tratad a los demás como queréis que ellos os traten. Pues, si amáis a los que os aman, ¿qué mérito tenéis? También los pecadores aman a los que los aman. Y si hacéis bien solo a los que os hacen bien, ¿qué mérito tenéis? También los pecadores hacen lo mismo. Y si prestáis a aquellos de los que esperáis cobrar, ¿qué mérito tenéis? También los pecadores prestan a otros pecadores, con intención de cobrárselo. Por el contrario, amad a vuestros enemigos, haced el bien y prestad sin esperar nada; será grande vuestra recompensa y seréis hijos del Altísimo, porque él es bueno con los malvados y desagradecidos»[82]. Ahora nos toca en el primer mundo realizar una labor similar.

Como apunta el sociólogo Rodney Stark en su libro *La expansión del cristianismo*: Los primeros cristianos cuando llegaron a la capital del Imperio eran como los demás, tenían los mismos trabajos, comían lo mismo, se entretenían con lo mismo, obedecían las mismas leyes (salvo las que atacaban a sus creencias). ¿Cómo pudo darse que un grupo reducido y rechazado de las periferias de los dominios romanos instaurase su religión en menos de tres siglos? Y además cuando su fundador fue un delincuente que murió en la cruz, que era la peor de las torturas posibles.

El patrón de crecimiento del cristianismo fue de un 40 % por decenio: a la muerte de Jesús en el año 30: «Todos ellos perseveraban unánimes en la oración, junto con algunas mujeres y María, la madre de Jesús, y con sus hermanos. Uno de aquellos días, Pedro se puso en pie en medio de los hermanos (había reunidas unas ciento veinte personas»[83].

En la década de los 40, los seguidores de Jesús eran más o menos mil. Sobre el año 300, se calcula que habría 6.229.832 cristianos de entre una población total del Imperio de 60.000.000 (lo que es lo mismo que un 10,5 % de la población de todo el Imperio). En torno al año 350, la población cristiana era *grosso modo* de 33.882.008, exactamente el 56,5 % del total.

El cristianismo se expandió exponencialmente por muchos motivos: la fertilidad entre los cristianos era mucho mayor que

82 Lc 6, 31-35.
83 Hch 1, 14-15.

la media del Imperio. La equiparación de la importancia entre hombres y mujeres, ricos y pobres, niños con jóvenes, sanos y enfermos... Los cristianos no abortaban como lo hacían los romanos incluso después del nacimiento. Muchas mujeres convertían a sus maridos paganos y de ahí pasaban al resto de la familia. Hubo una cruenta persecución donde mataron a más de mil mártires. Como afirmó Tertuliano, «La sangre de los mártires es semilla de nuevos cristianos». (Ahora sigue habiendo fobia a lo cristiano. Cada año en Nigeria hay entre 3000 y 4000 mártires, pero los medios de comunicación lo silencian). En las epidemias, los primeros que ayudaban al resto, desinteresadamente, eran los cristianos, incluso pudiendo llegar a contagiarse. Los cristianos inventaron los hospitales. Cuando los enfermos se curaban, acababan deslumbrados por la caridad que habían recibido y muchos se bautizaban. Y un aspecto decisivo fue la calidad humana, los cristianos vivían unos valores tan ejemplares que elevaron mucho su prestigio.

Cada uno de nosotros tenemos que pensar qué puedo hacer yo para revertir la decadencia religiosa de occidente y no solo pensar, sino actuar en consecuencia. Muchos de nosotros, por medio de las redes sociales, podremos revertir algo la situación, mostrando la labor caritativa de la Iglesia: a la cantidad de personas que ayuda, el cuidado de los niños, de los enfermos, la calidad de nuestra moral...

7. 3. EL ICEBERG MÁS FAMOSO

El barco más famoso del mundo probablemente sea el *Titanic*. Su hundimiento se produjo por el choque contra un iceberg en la noche del 14 al 15 de abril de 1912, dos días después de que zarpase. Se produjo en el norte del océano Atlántico y el barco ahora se encuentra a casi 4000 metros de profundidad.

El capitán del barco, Edward John Smith, afirmó «este barco no lo podrá hundir ni Dios». Los ingenieros que lo construyeron y la naviera definían a este tipo de barcos en su momento como «insumergibles», ya que en la parte de abajo del casco pretendían hacer compartimentos estancos. Si acaso entraba agua en uno se diseñaban para que no afectase al resto. Pero no eran herméticos del todo, ya que tenían que pasar cables y tuberías que colocaron en la parte más alta de estas salas.

Como es muy sabido, el capitán quería ganar un premio de velocidad por cruzar el Atlántico, iban a 41 km/h, pero de noche no advirtieron que un iceberg estaba en su camino. Chocaron lateralmente, además el golpe fue alto, afectó a varias salas y al ser tan alto el impacto, por encima del techo de las bodegas estancas empezó a entrar tal cantidad de agua que las bombas no pudieron achicarla y llenó todas las que en principio eran salas estancas.

En lugar de los 64 botes salvavidas previstos para salvar a todas las personas de la embarcación, solo llevaban 20, de los cuales no se pudieron utilizar todos. En total, en el viaje había en el Titanic, 2225 personas. Solo se salvaron 712.

Lo que yo pienso que pasó es que el capitán sobrevaloró su nave y por las prisas de llegar más rápido despreció los pequeños icebergs que había por la zona. De estas montañas de hielo flotantes solo se ve la parte de arriba. Pero lo que está por dentro del agua es cuatro quintas partes de todo el conjunto. Aunque hay expertos que afirman que nada más sobresale una décima parte.

En nuestro proceso de llegar a más almas nos podemos topar con diferentes icebergs. Nosotros no tenemos que chocar con ellos, sino saber maniobrar. Los principales obstáculos son la ignorancia de las personas, la indiferencia, el tener todas las necesidades vitales cubiertas, el no buscar lo trascendente, el hedonismo, el materialismo... E intentar que esas personas confundidas no se queden estancados en sus icebergs, sino que quieran avanzar hacia la ruta de la felicidad.

Un domingo, como muchos, fui a ayudar a un amigo mío párroco. Ese año estaba solo en su parroquia. Es la única iglesia en esa zona en la que viven más de 25.000 personas. Yo le ayudaba a celebrar alguna de las tres Misas de la mañana del domingo y a confesar en las otras dos. Entre la primera y la segunda, nos daba tiempo a desayunar y siempre contábamos con la ayuda del diácono permanente.

Cuando esa mañana nos dirigíamos los tres al bar para tomarnos el café, antes de entrar vimos cómo en la calle había tres jóvenes que se notaba que todavía volvían de fiesta y no se había acostado. Cuando los camareros nos trajeron a la mesa el desayuno, uno de los tres que estaba fuera entró. Se dirigió a nuestra mesa y nos dijo: «Perdón padres. ¿Alguno de vosotros puede salir a dar la bendición a nuestro amigo?». Le preguntamos por qué necesitaba la bendición. Nos contó que estaba mal del estómago y tosía mucha sangre. Salimos y a pesar de su rostro descompuesto, sus ojos rojos, con mini charcos de sangre a consecuencia de su tos, caí en la cuenta de que lo conocía: había estudiado en el mismo colegio que yo. En el mismo curso, pero no en la misma clase que mi hermano, e incluso jugaron en el mismo equipo de fútbol.

Me acordaba de su mote, pero no de su nombre. Se lo dije y él se sorprendió. Le expliqué de quién era hermano. Él no se acordaba bien, ya que habían pasado unos 15 años desde que salió del colegio. Nos contó los caminos erróneos que había escogido, las borracheras, las drogas, el no estudiar ni trabajar le había conducido a tener un cáncer de estómago con mal augurio. Mirándome a mí que soy dos años más joven, siendo sacerdote, habiendo recibido buena formación en nuestras familias, en el mismo colegio se preguntaba cómo era posible haber acabado en dos caminos tan opuestos. Él estaba cansado, quería dejar la mala vida, pero nos contó que no podía, no conseguía el arrojo necesario.

Los católicos tenemos que iluminar las rutas por las que deben transitar las personas para alcanzar el cielo, evitando los distintos icebergs de la cultura cibernética y del mundo.

7. 4. COMO LOS FERRIS

La primera vez que me puse en la fila para entrar en un ferri me sorprendió la cantidad de coches, furgonetas, camiones que esperábamos para entrar. Cuando aparcamos dentro del barco no pude llegar a contar todos los que pasamos. Fue en las Navidades de hace unos años, íbamos con las furgonetas a rebosar de juguetes, ropa, medicinas..., que queríamos llevar a algunos necesitados de Marruecos.

En el viaje de ida, todavía en España, fue curioso porque perdimos la rueda del viejo remolque que nos habían dejado. El trasto empezó a deslizarse con el suelo produciendo grandes chispas y tuvimos que dejarlo en la grúa para que se lo llevase al desguace. Mi vieja furgoneta también se averió, menos mal que los de la *asociación juvenil Alayos* de Granada, nos dejaron la suya para llevarla a África una semana, mientras arreglaban la mía. Ese viaje estuvo lleno de imprevistos y de detalles de la providencia cuidándonos a nosotros.

Los ferris siempre están disponibles, no paran de hacer viajes y de acercar personas a su destino. Los cristianos también tenemos que saber decir que sí, estar disponibles para los demás. No suele ser la respuesta que nos salga de primeras. Pero habría que preguntar antes a Jesús: qué quieres que hagamos.

Ayer por la mañana me preguntaron si podía estar en un directo sobre cómo hacer la oración. Como estaba pensado para América, la hora del acto en España sería la 1:30 de la madrugada. Me lo pensé, no me apetecía nada, era o dormir poco o acostarme y levantarme medio dormido. Opté por aprovechar ese rato entre la cena y el directo para seguir escribiendo este libro y luego salir en el directo. A media tarde, Manu, que es un gran pilar de *Jóvenes Católicos*, me pide si puedo salir en el directo de formación que iba a sacar esa noche a las 22:00 con otro amigo nuestro, profesor universitario, hablando de libertad. Me lo pensé menos y le dije también que sí. Yo no estoy acostumbrado a salir en los directos, no creo ni que haya salida en más de 10, tampoco me apetece nada. Pero creo que sumar mi granito de arena siempre puede servir.

Las ideas de fondo tienen que ser: *si Jesús lo hiciese yo también*, o *con que le sirva a una persona ya ha merecido la pena*. Somos instrumentos en las manos de Dios. Él quiere servirse de nosotros para mover a otras almas.

Lo cómodo es decir que estamos muy ocupados, que no podemos sacar un hueco para nada más. Pero si lo pensamos un poco, casi siempre sacamos tiempo para hacer las cosas que más nos apetecen (ver pelis, series, deporte, tomar cervezas con amigos). Todos los días hay que preguntar a Jesús cómo aprovechar mejor el tiempo y cómo estar más disponible para los demás. También podemos ofrecernos nosotros donde pensemos que podamos ser más útiles.

Ayer vi a un vecino mío que está jubilado, es andaluz y muy salado. Le pregunté por su hijo de 49 años, hacía tiempo que no coincidía con él. Al hijo le han extirpado un tumor en la médula y está muy impedido. Hay días que no puede ni andar. La previsión es que no va a mejorar. Ante este panorama, muchos habrían tirado la toalla, pero él está aprovechando muchísimo el tiempo: está dando clase a presos en una ONG, está terminando la tesis doctoral, haciendo un máster... Atendiendo a su familia, haciendo lo que puede de las labores de su casa. Un verdadero ejemplo.

Yo tengo tres ejemplos maravillosos donde palpo el arte de rendir los talentos aprovechando el tiempo y estando muy disponibles para los demás: en primer lugar, mi padre. Siempre le he visto trabajar muchísimas horas más que la media, sin quejarse, para sacar nuestra familia adelante. Mi madre, que prácticamente toda la vida ha trabajado en nuestra casa, sacándonos adelante. Puedo decir que nunca la he visto perdiendo el tiempo. Siempre está haciendo algo, nunca me la he encontrado en el sofá sin hacer nada u ociosa viendo la tele. Y no solo nos ha cuidado de manera brillante, sino que ha sacado muchísimo tiempo para ayudar a muchísimas amigas suyas en sus peores momentos.

Por último, mi único hermano, Víctor. Él podría haberse dedicado a ser un buen deportista, en el fútbol podría haber destacado (equipos de la élite se interesaron por él), en el atletismo (el mejor equipo de España también preguntó por él) o en el ciclismo, aunque él no participó en ninguna carrera profesional, pero yo le he visto subir el Tourmalet con una bici malísima de *mtb* con mejor tiempo que la mayoría del pelotón de Tour de Francia.

Víctor estudió economía en la mejor universidad pública de España, como en primero sacó notas excelentes, los siguientes años se fue a diferentes países para aprender idiomas. Terminó con notas brillantes su carrera. Estudió un máster en la Universidad de Navarra. Consiguió entrar en el programa de un gran banco que ficha a seis personas cada año para formarles especialmente en diferentes departamentos y después ser directivos. Luego hizo un MBA en Yale. Ahora es presidente y CEO de una gran empresa. Pero lo mejor de todo no es esto; sino cómo cuida a su familia, cómo juega con sus hijos todos los días y la humildad con la que ha vivido toda su vida, sin ser nunca nada engreído ni prepotente. Él siempre está dispuesto a ayudar no solo en su familia, sino a muchísima gente: monta cafés solidarios, visitas a asilos con sus amigos y trabajadores... Él sí podría decir, «Estoy muy ocupado, no puedo» pero es todo lo contrario.

Es bueno que le preguntemos a Jesús si mis amigos o los demás pueden contar conmigo.

7. 5. *SIDNEI*

Si alguien quiere conocer una gran ciudad como Sidney, pero no puede permanecer los días que le gustaría, seguro que aprovecha el tiempo para disfrutar de los sitios que le parecen más relevantes: la catedral, la Ópera, las iglesias más representativas, los palacios, museos, jardines, teatros…

Lo mismo nos pasa si tenemos grandes planes en nuestro día a día, intentamos tener el hueco perfecto para poder realizarlos. Si queremos llegar a todo, primero tenemos que priorizar qué es lo más importante y aprovechar el tiempo a la vez. San Pablo pide a los efesios: «Fijaos bien cómo andáis; no seáis insensatos, sino sensatos, aprovechando la ocasión»[84].

El anterior jefe de mi hermano era el prototipo americano de persona que ha tenido éxito en la vida. Buenos estudios, buen trabajo, buen sueldo… Pero la tarde del 15 de enero de 2009, cambiaron sus planteamientos. Él viajaba en el vuelo *1549* de *US Airways* en primera clase. El avión, que despegó de Nueva York, tuvo la mala fortuna de cruzarse con una bandada de pájaros. El piloto *Chelsey «Sully» Sullenberger* maravilló al mundo al amerizar la nave en el río Hudson salvando 155 vidas más la tripulación. Hay una película del suceso que tiene el mismo nombre de pila que el piloto *«Sully»*.

Desde ese día, el jefe de mi hermano afirmaba que había que aprovechar mucho más la vida. No sabemos cuándo nos vamos a ir de este mundo. Por tanto, tenemos que vivir disfrutando mucho más. Desde ese día su jefe no guarda la mejor botella de vino para una ocasión futura, lo disfruta en ese momento.

Como testificaba Sancho, el compañero del hidalgo don Quijote: «Es el caso, replicó Sancho, que como vuesa merced mejor sabe, todos estamos sujetos a la muerte, y que hoy somos y mañana no, y que tan presto se va el cordero como el carnero, y que nadie puede prometerse en este mundo más horas de vida de las que Dios quisiere darle; porque la muerte es sorda, y cuando llega a llamar a las puertas de nuestra vida siempre va

84 Ef 5, 15-16.

de priesa, y no la harán detener ni ruegos, ni fuerzas, ni cetros, ni mitras, según es pública voz y fama, y según nos lo dicen por esos púlpitos»[85].

El título de este apartado no está mal escrito. Es por un amigo sacerdote que se llama como la ciudad más famosa de Australia, pero sin la «Y». Vivimos juntos tres años en Pamplona. Él nació en una familia humilde de Brasil. Su padre murió cuando él tendría unos 7 años. Como era el hermano mayor le tocó sacar a su familia adelante. Siendo tan pequeño se subía a los árboles a recoger frutas para luego venderlas por la calle.

Pocos años después empezó a trabajar limpiando una sucursal de un banco. También se las arreglaba para ayudar en casa. Empezó a hacer pequeños encargos con las herramientas del taller de ebanistería con las que había trabajado su padre. Además, siguió estudiando por las tardes noches de manera brillante.

En la Universidad se convirtió al catolicismo y se entregó a Dios como agregado del Opus Dei (viviendo el celibato). En esos momentos había ido subiendo en la escala del banco. Tenía una larga jornada, cuando terminaba su jornada ayudaba a dar a formación religiosa a jóvenes, luego iba a sus clases nocturnas. Esos años durmió muy poco, pero ayudó a muchísimas personas. Pudo quedarse en el banco subiendo como le propusieron. Sidnei eligió dar clases en una escuela de formación profesional a jóvenes, donde el Opus Dei asumió la formación cristiana. Sidnei pensó que ayudar en lo profesional y en lo espiritual a los alumnos sería un bien inmenso para esas personas. Así estuvo muchos años dando clase y ayudando uno a uno a cientos de alumnos.

Él es de las personas más completas que conozco: piadoso, inteligente, discreto, humilde, trabajador… Antes de venir a

85 Miguel de Cervantes, *El Quijote*, 2ª parte, cap. 7.

España para formarse y ordenarse como sacerdote, construyó a su madre un chalet impresionante. Cuando conseguí que me enseñase las fotos no podía entender cómo había hecho él todo con ayuda esporádica de varios amigos: la estructura de la casa, la colocación de los ladrillos, la electricidad, los desagües, la fontanería, el suelo, las paredes, la pintura, los muebles... Sidnei sabía hacer de todo, porque de pequeño tuvo que aprender para ayudar a su familia.

Los que pretendemos ayudar en los medios de comunicación y en las redes sociales, no podemos perder el tiempo (y eso es muy complicado entre pantallas). Pero es posible. Es bueno soñar con grandes objetivos y poner los medios para alcanzarlos. Así seremos capaces de llegar más lejos y mejor. No conformarse nunca, ojalá tengamos ganas de hacerlo cada vez mejor, incluso con mayor ilusión.

7. 6. CON LOS OJOS EN EL CAPITÁN

Cuando un marinero entra por primera vez en una nave y no conoce la pericia del capitán, recela de él. Sin embargo, cuando ha tenido éxito en la navegación, y más si ha vencido en algunos contratiempos, el marino se fía. Su esperanza estará con el patrón de la embarcación y le defenderá delante de otros que desconfíen.

Los cristianos tenemos que confiar en Dios y abandonarnos a su intercesión. Como explicaba san Agustín, «Confía el pasado a la misericordia de Dios, el presente a su amor, el futuro a su providencia»[86]. O lo que es lo mismo, abandonarnos siempre en el Señor.

86 S. Agustín. Confesiones.

Tenemos ejemplos maravillosos de personas que se han entregado en las manos de Dios en momento complicado o de una enfermedad dolorosa. Alguno de ellos es el muy conocido san Carlo Acutis, o Pedro Ballester, otro joven en proceso de beatificación, numerario del Opus Dei[87]. Siguiendo a Dios y con la vida que le había tocado vivir, era inmensamente feliz.

Pedro era el mayor de tres hermanos. Javi, el pequeño al que conozco. En estos últimos años le he pedido varias veces que cuente en tertulias cómo su hermano dejó todo por seguir a Jesús y lo feliz que vivió, aun con una enfermedad terrible.

Santo Tomás Moro, que también era inglés como Pedro, le escribe a su hija cuando está encarcelado injustamente por el rey que quiere romper la religión de su país y alejarse de Roma y de la obediencia al Papa: «De lo que estoy cierto es de que Dios no me abandonará sin culpa mía. Por esto, me pongo totalmente en manos de Dios con absoluta esperanza y confianza. Si a causa de mis pecados permite mi perdición, por lo menos su justicia será alabada a causa de mi persona. Espero, sin embargo, y lo espero con toda certeza, que su bondad clementísima guardará fielmente mi alma y hará que sea su misericordia, más que su justicia, lo que se ponga en mí de relieve. (…) Nada puede

87 https://youtu.be/KO-mQVxtGvw?si=5OL5GUj-lDePM2E0

pasarme que Dios no quiera. Y todo lo que Él quiere, por muy malo que nos parezca, es en realidad lo mejor»[88].

Esta misma visión la han tenido muchos cristianos del pasado y también de ahora. El año pasado subí un vídeo que grabé a Juan Pablo Mucharraz, en el que contaba su experiencia y la de su hermana Ana[89]. Ellos son mexicanos, de una familia muy cristiana, muy numerosa y muy normal. Tienen una infancia feliz hasta que Ana, que es la hermana mayor, se empieza a encontrar mal. Le efectúan diferentes pruebas médicas, pero nadie les diagnostica lo que sufre. Cada vez va decayendo más. De repente, Juan Pablo, el tercero de los cuatro hijos, también empieza a sufrir muchos padecimientos. Los médicos tardan en detectar que una garrapata le ha contagiado la enfermedad de Lime.

Toda la familia se abandona en las manos de Dios, piden su ayuda constantemente y van viendo cómo la providencia les va ayudando en la escalera de las dificultades que se van encontrando. Los padres tienen que hacer a costes elevadísimos para sus posibilidades, ya que tienen que ir a EE. UU. si quieren una atención adecuada para sus queridos hijos.

Descubren que muchísimas personas les ayudan en lo material y en lo espiritual. Una persona les deja su avión para poder transportar a sus hijos, ya que las líneas aéreas comerciales no les dejan viajar con las enfermedades tan avanzadas.

Juan Pablo cuenta en el vídeo cómo viven él y su hermana la enfermedad. Cómo intentan ayudar a otros niños enfermos. Él se puso malo en la escuela primaria, estuvo enfermo toda la secundaria sin poder ir a clase y pasó directamente a la Universidad. En los momentos malos no podía mover nada más que un dedo y un ojo. Pero cuando cuenta cómo se encontraba su hermana Ana es igual de doloroso.

---

88 Sto. Tomás Moro. Carta escrita en la cárcel a su hija Margarita.

89 https://youtu.be/1Z-vtoVQISw?si=NC7Riai7K__UHNJn

Ella se marchó al cielo, totalmente, abandonada en las manos de Dios y de la Virgen de Guadalupe. Mientras que Juan Pablo se recupera poco a poco, y también vive abandonado en las manos de Dios. Su historia también viene recogida de manera magistral en el libro: «Si pudiera regresar el tiempo: *El Viaje de Ana Mucharraz*» (no me llevo comisión). Te dejo el vídeo:

Como afirma un autor espiritual actual, si no somos santos es por no abandonarnos en Dios: «Lo que nos impide en gran manera hacernos santos es, sin duda, nuestra dificultad para aceptar plenamente todo lo que nos sucede. No en el sentido de un fatalismo que nos haría completamente pasivos, sino en el de un abandono confiado y total en las manos del Padre»[90].

O en palabras de un santo clásico, tenemos que confiar en Dios incluso en los momentos de oscuridad: «Cuando se le ofreciere algún sinsabor y disgusto, acuérdese de Cristo crucificado y calle. Viva en fe y esperanza, aunque sea a oscuras, que en estas tinieblas ampara Dios el alma. Arroje el cuidado suyo en Dios»[91]. San Juan de la Cruz bien lo sabía, ya que había pasado un segundo parto en su madurez, encerrado durante nueve meses en una cárcel, sin luz, sin poder moverse apenas, en Toledo, por unos carmelitas que no entendieron la bondad de sus actos y la santidad de su vida.

90 Jacques Philippe. La escuela del Espíritu Santo.

91 S. Juan de la Cruz. *A una carmelita*.

8.
Enanos a hombros de gigantes

Una persona por sí sola no es capaz de nada. Si nos dejaran solos al nacer no viviríamos ni unos días. Si nos criasen sin darnos cariño ni conversación seríamos muy parecidos a las bestias.

Todas las personas nos apoyamos en los conocimientos de los demás para seguir evolucionando. Si ahora usamos el fuego, utilizamos la rueda, tenemos electricidad, nos beneficiamos de los motores, transformamos la energía, nos servimos de internet…, es gracias al trabajo y los conocimientos de muchas personas que nos han precedido.

En la navegación se utilizaban los mapas gracias a la sabiduría de otros marineros que los fueron confeccionando con el paso de los siglos. Según la tradición, Bernardo de Chartres afirmaba en el siglo XII, que «somos enanos a hombros de gigantes». Por tanto, en el arte de influir cristianamente en las redes sociales nos tenemos que elevar por encima del bien hacer de los que más han influido en la historia.

El mayor *influencer* de la historia sin duda es el propio Jesús. Él demuestra que es el Mesías anunciado siglos antes. A los apóstoles les hace *spoiler* de su Resurrección. Dio un ejemplo de vida basado en la caridad, en la humildad, en el perdón…, que a muchísimas personas de su época y de las siguientes, llamó su interés hasta el punto de seguirle.

Su vida ha sido la que más ha impactado en los demás. La que más gente ha seguido, incluso hasta morir en el martirio por él. A día de hoy hay más de 2300 millones de seguidores suyos por todos los países del mundo. Él es el que más ha movido a los artistas de todo tipo: músicos, escritores, pintores… Aunque no nos ha llegado nada escrito suyo, sus palabras recogidas por los apóstoles han sido las más leídas en el mundo, las más impresas, las más traducidas. La moral que nos dejó es admirada por la mayoría de las personas del planeta.

Muchos de los primeros cristianos, después de conocerle directamente, o de ver cómo funcionaban los primeros bautizados, no se sintieron indiferentes, sino que cambiaron sus planes de vida para intentar hacer más visible lo que habían descubierto en Jesucristo. Con esta misma ilusión tenemos que vivir los cristianos del siglo XXI.

8. 1. SAN PABLO

Después de Jesús, los apóstoles y discípulos influyeron en la expansión de la Iglesia, y entre todos de manera especial san Pablo. Él sintió una conversión muy profunda que le llevó a cambiar de vida radicalmente. Pasó de perseguir a los cristianos a hacerse el cristiano más influyente en cuanto al número de conversos de su época. Incluso por encima de los apóstoles. El testimonio de su vida era verdadero y muy contundente.

Mientras que algunos apóstoles como san Mateo se centraban en convertir judíos. San Pablo llevó el mensaje cristiano por el Imperio romano a todo tipo de culturas. Aunando distintas sensibilidades y buscando el gran público: «no hay judío ni griego, esclavo ni libre, hombre ni mujer, porque todos son uno en Cristo Jesús»[92].

92 Gal 3, 28.

Con sus trece cartas (9 destinadas y 4 a personas), escribe casi una cuarta parte del Nuevo Testamento. Allí explica cómo se puede salvar las personas, qué es la gracia divina, la unidad de la Iglesia... Sus ideas contribuyeron al conocimiento exponencial de la teología desde el primer momento del cristianismo.

San Pablo navegó constantemente, no por internet, sino por el Mediterráneo, fundando y consolidando comunidades cristianas en lugares estratégicos. En cada destino se acopló a sus diferentes culturas, sin dejar de ser ciudadano romano de ascendencia judía.

El gran apóstol fue tenaz ante las dificultades como recogimos anteriormente: «De los judíos he recibido cinco veces los cuarenta azotes menos uno; tres veces he sido azotado con varas, una vez he sido lapidado, tres veces he naufragado y pasé una noche y un día en alta mar. Cuántos viajes a pie, con peligros de ríos, peligros de bandoleros, peligros de los de mi nación, peligros de los gentiles, peligros en la ciudad, peligros en despoblado, peligros en el mar, peligros entre falsos hermanos, trabajo y agobio, sin dormir muchas veces, con hambre y sed, a menudo sin comer, con frío y sin ropa. Y aparte todo lo demás, la carga de cada día: la preocupación por todas las iglesias»[93] Su disposición a sufrir por tan gran causa le sirvió de reclamo para muchos conversos.

Como resumen, la vida y escritos de san Pablo fueron decisivos en la creación y fortalecimiento de la Iglesia. Nosotros ahora podemos aprender de él a vivir con la fuerza de los conversos. A buscar la expansión del cristianismo entre los agnósticos, ateos y personas de otras religiones. Publicar contenido de calidad en nuestras redes sociales. Concatenar nuestras redes con otras plataformas, para llegar a diferentes personas, para adaptarnos

93 2 Cor 11, 24-28.

a otras culturas. A ser fiel ante las adversidades, y sobre todo rezar y acrecentar el número de personas que se salven.

8. 2. SAN AGUSTÍN

Agustín nació en Hipona, al norte de África, a mediados del siglo IV. Su madre es santa Mónica, ella rezó incansablemente por su hijo. Ya que este no tenía fe. Él era muy listo, buscaba la verdad en todas partes, pero no la encontraba hasta que se topó con el ejemplo de vida, la predicación de san Ambrosio y con la Sagrada Escritura.

Él fue un gran orador en su época, pero su filosofía y su teología es lo que más ha trascendido. También es considerado como uno de los cristianos más influyentes. San Agustín explica de manera admirable el binomio pecado original y gracia de Dios. El pecado original es consecuencia de la mala elección de Adán y Eva. Mientras que la salvación del hombre en el cielo, es por el don gratuito de Dios de la gracia a través de los sacramentos. Por medio de la ayuda de la redención de Jesucristo con su muerte en la Cruz.

Su libro *Las Confesiones,* ayudó a muchas personas a entender sus luchas internas. Además, también a comprender mejor la aspiración sobrenatural del alma que busca la verdad, el bien, la belleza.

Con otros de sus libros *La Ciudad de Dios,* consiguió que se comprendiese cómo hay dos tipos de *ciudades* muy contrapuestas: *la de los hombres* que está basada en logros terrenales, y *la de Dios* asentada en el amor de Dios y en conseguir el premio eterno. Este volumen sirvió para alentar a los cristianos en los tiempos de crisis, como la caída del Imperio romano.

San Agustín con su doctrina, fue un bastión contra las herejías. Primero, rebatió al maniqueísmo, que él mismo, antes de su conversión, había defendido. Por tanto, la conocía a la perfección. Ellos defendían que el mal y el bien eran dos fuerzas paralelas en igualdad y, totalmente, opuestas entre sí. Pero el santo explicó que el mal es la ausencia del bien, no una fuerza totalmente independiente.

Contra los donatistas les explicó que los sacramentos eran válidos, aunque los celebrase un sacerdote en pecado. Ya que dependían de la gracia de Dios, no de la del sacerdote.

También rebatió a Pelagio, un robusto religioso que pensaba que la lucha contra las tentaciones y la salvación dependían de uno mismo, de la vida esforzada, que no se necesitaba la gracia divina. San Agustín afirmó que la gracia divina era necesaria para hacer el bien y conseguir el cielo.

Su filosofía apoyada en la de Platón, aunó elementos e integró muchos: el alma, la libertad, el tiempo, la fe, la razón…, sirviendo de base para la filosofía medieval.

Con su ejemplo podemos descubrir que las personas por muy alejadas que nos parezcan están buscando la verdad. Muchas de ellas cuando la encuentren van a realizar una labor por iluminar a muchísimas personas. No podemos dar a nadie por perdido, como hizo Santa Mónica con su hijo. San Agustín ayudó a millones de personas y eso que estuvo 33 años de su vida muy alejado de Dios.

8. 3. SAN BENITO DE NURSIA

Tras el edicto de Milán, ya no hubo persecución religiosa, los cristianos ya no tenían que esconderse para vivir su fe. Algunos quisieron seguir los pasos de los profetas del Antiguo Testamento y retirarse a lugares aislados para poder tener una relación más directa con Dios.

Cuando estos eremitas tenían dudas o querían dirección espiritual, se iban acercando a otros consejeros con mayor santidad. Muchos se unieron a San Benito para pedirle que fundase una casa para vivir entre ellos y tener una vida común, pero alejados del mundo, con el propósito de acercarse a Dios.

Para la convivencia dentro de los monasterios, el santo redacta la *Regla de San Benito*, en la que estructura la vida común mediante una serie de normas. El día lo estructura en tres, una tercera parte para Dios, otra para el trabajo con el fin de cubrir las necesidades primarias y la última para el descanso.

De esta manera, los monjes vivieron con orden, libertad y con el día lleno de cosas que les sirviesen para aprovecharlo en los monasterios benedictinos. Estas casas se expandieron por toda Europa sembrando de cultura y evangelizando los distintos pueblos, ciudades y países con su testimonio de austeridad y fe.

Con el ejemplo de los monjes, la cultura que llevaron y su religiosidad transmitieron en Europa una unidad de fe y la ética cristiana. Por tanto, ayudó a promover una unidad en el continente.

Los cristianos de este siglo tenemos que repetir su vida siendo ejemplares; la gente se unirá a nosotros y podremos impregnar de sentido cristiano todas las redes y, como consecuencia, todo el mundo.

8. 4. SAN FRANCISCO DE ASÍS

San Francisco de Asís es el fundador de los franciscanos. Él nació en Italia, en el siglo XII, en una familia acomodada, era una persona que le gustaba vestir bien, e ir a sitios importantes. Hasta que tuvo su conversión que le llevó a renunciar a todas las riquezas y bienes superfluos terrenales y a repartir todo lo que tenía con los pobres. Con el fin de anunciar el «Reino de Dios».

Vivió muy austeramente con el único objetivo de alentar a las personas a encontrarse y a seguir a Jesucristo. Su humildad, pobreza y su piedad contagiaron tanto, que miles de personas dejaron todo y le siguieron para llegar a la unión con Dios.

Su orden propinó desde el origen, admiración. Los frailes vivían de la generosidad de las personas y se dedicaban por entero a los demás. Esta simplicidad de vida dedicada a Dios contagió en muchísimos lugares por los que pasaron. Su cercanía marcó una nueva manera de vivir la fe en la que destacaba el respeto a las personas.

Los franciscanos se expandieron por Europa, América, Asia y África fundando hospitales, escuelas, comunidades..., su aportación a la humanidad es incalculable.

En resumen, San Francisco de Asís revitalizó el cristianismo en una época de crisis espiritual, mostrando que el Evangelio vivido con su máxima pobreza y entrega, es el mejor testimonio para llevar el mensaje de Cristo a todo el mundo. Así nosotros ahora, en otro momento de otra crisis espiritual severa, tenemos que inculcar en la sociedad el mensaje cristiano.

8. 5. SANTO TOMÁS DE AQUINO

Santo Tomás de Aquino es *Doctor de la Iglesia* y el más grande teólogo de la historia. Ocupa un lugar privilegiado en la expansión del cristianismo por su contribución al desarrollo del pensamiento cristiano y la comprensión de la fe.

Nació en el siglo XIII, en un momento de grandes transformaciones intelectuales. El santo supo integrar de manera magistral la fe cristiana con la razón, haciendo uso de la filosofía aristotélica con la que iluminó y profundizó en las verdades reveladas por Dios. Su obra cumbre, la *Suma Teológica*, no solo es un tratado teológico de incomparable profundidad, sino también una guía que ha servido durante siglos para formar a sacerdotes, teólogos y fieles en la doctrina católica.

Santo Tomás enseñó que el conocimiento humano puede conducir a la verdad divina. De este modo abrió un camino para que muchos intelectuales y pensadores, a lo largo de la historia, abrazaran la fe cristiana. Su enseñanza no se limitó a los claustros académicos, sino que permeó la vida de la Iglesia, ayudando a clarificar y defender las doctrinas fundamentales del cristianismo frente a herejías y errores.

Además, santo Tomás fue un maestro en exponer de manera sencilla y clara las verdades más sublimes de la fe, haciéndolas accesibles no solo para los eruditos en las universidades que enseñaba, sino también para el pueblo cristiano. Su profundo amor a la Eucaristía y su devoción a Cristo, están plasmados en sus escritos y en los himnos litúrgicos que compuso, como el *Adorote devote*, muchos de estos siguen siendo parte central de la vida devocional de la Iglesia.

En resumen, la influencia de santo Tomás de Aquino no solo fortaleció la doctrina católica de su momento, sino que también abrió puertas para el diálogo con otras corrientes de pensamiento que todavía hoy sigue influyendo. Los cristianos en las redes sociales también tenemos que llegar a explicar que la fe y la razón van de la mano, exponiendo como hacía santo Tomás de manera sencilla realidades complejas.

8. 6. SAN IGNACIO DE LOYOLA

Nació al final del siglo XV, en una familia rica en el País Vasco. Fue herido por una bala de cañón, fracturándole la pierna en la batalla de Pamplona. Mientras se recuperaba en la Ciudadela de esta ciudad, leyó algunos libros que le impactaron grandemente en su alma, como *Vita Cristi* del cartujano Ludolfo de Sajonia. Esta fue la primera biografía de Jesús que aunaba los cuatro Evangelios y la explicación detallada del ambiente de la época, su lectura le sirvió para conocer mejor a Jesús.

También cayó en sus manos *Flos Santorum*, donde relataba muchas vidas de santos que habían dejado todo para seguir a Jesucristo, como la vida de santo Domingo de Guzmán. Estos ejemplos le movieron a dar su vida por Dios.

Fundó la Compañía de Jesús, en 1540, con el claro carisma de educar la sociedad, renovar la espiritualidad de la época y llevar la palabra de Dios por todo el mundo. Cuando se restableció san Ignacio de las heridas de metralla, buscó vocaciones en su ambiente. Al principio en la Universidad de la Sorbona en París. Allí se topó con un navarro que tenía grandes aspiraciones humanas, no se perdía ninguna fiesta, tenía caballo, mayordomo... Pero san Ignacio le ayudó cuando le empezaron a ir mal los asuntos económicos del navarro y le repitió la frase evangélica, «De qué le sirve al hombre ganar el mundo entero si pierde su alma»[94]. Desde ese día Francisco Javier, el navarro, cambió y se entregó a Dios en la nueva fundación de su amigo. Con los años, se dedicó a ir de misión por oriente, convirtiendo a miles de personas en la India y Japón, llegando a morir a las puertas de China. Alcanzando la cima de la santidad.

Desde el principio siguieron a san Ignacio grandes personas, muchos de ellos alcanzaron también el premio de la santidad, entre otros: san Francisco de Borja, san Pedro Canisio, san Estanislao de Kostka, san Alonso Rodríguez, entre otros.

Otras de las aportaciones del fundador de la Compañía de Jesús fueron los «Ejercicios Espirituales», donde de manera individual durante un mes, ofrecía San Ignacio un método estructurado para el crecimiento espiritual, con un impacto en los siglos sucesivos que trascendió los muros de los conventos y llegó a laicos en muchísimos países.

Gracias a las instituciones educativas de esta nueva fundación eclesial se fueron construyendo, paulatinamente, se paró el avance del protestantismo con su influencia intelectual.

En resumen, san Ignacio de Loyola, con su vida y su impulso, contribuyó de manera decisiva a la expansión y consolidación del cristianismo en una etapa crítica de la historia religiosa mundial. Nosotros, ahora, desde las redes tenemos que tomar su ejemplo para frenar todas las ideologías contrarias a la ley natural y al sentir de la Iglesia.

94 Mt 16, 26.

8. 7. SANTA TERESA DE ÁVILA

La santa de Ávila es otra figura clave de la renovación espiritual del siglo XVI. Ella vivió en el convento de *la Encarnación* de su ciudad. Llevaba una vida muy distraída con los chascarrillos diarios de la ciudad. Casi todos los días tenía visita de amigas suyas que no eran religiosas. Tampoco conectaba con Dios de manera especial en la oración. La vida en su convento era un poco frívola.

Un día en su capilla habían puesto una nueva imagen de un Cristo muy llagado, desde ese día tomó la *determinada determinación* de seguir y entregarse de verdad a Jesucristo. En cada rato de oración se acercaba más al Señor. Notó que tenía que llevar a cabo una reforma de la vida de las carmelitas. Fundó las Carmelitas descalzas con muchísimas dificultades, pero volviendo a la austeridad y al rigor espiritual primitivos.

Esta propulsión de la vida monástica se expandió por el viejo continente y por el recién descubierto. Mejoró la vida de oración y de contemplación de innumerables personas no solo consagradas a Dios, sino también laicos, gracias a sus libros.

Teresa de Ávila fue también una gran escritora y teóloga mística. Sus obras: «El libro de la vida», «Camino de perfección» y «Las moradas», se convirtieron en guías fundamentales para la vida espiritual. Con sus escritos marcó un camino accesible a Dios que sigue inspirando hoy en día. Ella junto con su seguidor, san Juan de la Cruz, son los místicos que por medio de sus escritos percibimos que más se han acercado a Dios.

Santa Teresa de Ávila es fundamental en el fortalecimiento de la fe y la expansión de la fe católica. Su influencia se extendió mucho más allá de los conventos que fundó, tocando las vidas de personas en todo el mundo. Nosotros en las redes tenemos que buscar el mismo objetivo que la gente se acerque y conozca más a Jesucristo.

8. 8. SAN JOSEMARÍA ESCRIVÁ DE BALAGUER

Nació en 1902, y murió en 1975. Ha sido una figura clave en la expansión del cristianismo en el siglo XX. Dios le mostró que cualquier bautizado podía ser santo a través del trabajo y la vida diaria. Fundó del Opus Dei en 1928. Él enseñó que la santidad no estaba reservada únicamente a los consagrados a Dios que vivían el celibato, sino a todos los bautizados.

Este mensaje fue revolucionario y en cierta medida lo sigue siendo en algunos ambientes. Al romper con la idea de que la perfección cristiana debía encontrarse solo en la vida monástica o clerical. Esta idea se fue generando desde que empezó la vida eremítica y la vida monástica. Pero los primeros siglos no eran así, cuando se perseguía a los cristianos, hay santos de todos los niveles sociales: padres, madres, solteros, niños, ancianos, ricos, pobres, esclavos, soldados, patricios, griegos... Esta idea se había apagado con la llegada de las personas que se dedicaban a Dios. Parecía que solo ellos podían conseguir un nivel espiritual alto, pero el resto no.

A través del Opus Dei, san Josemaría abrió nuevos horizontes para el laicado en la Iglesia. Su insistencia en que todas las personas, independientemente de su estado civil o profesión, podían ser instrumentos de Dios en el mundo moderno, resonó especialmente en tiempos de creciente secularización. Él subrayaba la importancia de convertir el trabajo, la familia y los deberes ordinarios, en un camino hacia la unión con Dios, haciendo que el cristianismo tuviera un impacto directo en la vida cotidiana de millones de personas.

A principio de los años cuarenta eran muy pocos los miembros del Opus Dei, pero en vida del fundador vio cómo se multiplicaban las vocaciones por todo el mundo. San Pablo VI explicaba al beato Álvaro del Portillo que san Josemaría había sido una de las personas junto con san Pablo que más habían visto cómo se daban los frutos de la entrega de las personas a Dios.

En definitiva, san Josemaría Escrivá de Balaguer fue clave en la expansión del cristianismo, al proponer un camino hacia la santidad accesible a todos, transformando el trabajo y la vida diaria en una ofrenda a Dios. Sus escritos, como «Camino», y sus videos de las tertulias que predicó en sus últimos años, sigue siendo una fuente de inspiración para muchas personas. Varios seminaristas me han dicho que se entregaron a Dios por los vídeos cortos del santo. Ya que notaron una unión con Dios muy especial que ellos querían imitar.

8. 9. SANTA TERESA DE CALCUTA

Antes de hablar de esta santa tan actual, hay otra Teresa que también está canonizada, es una de las cuatro doctoras de la iglesia, nació en Lisieux, con unas pocas décadas de antelación. Además, es patrona de las misiones sin haber salido de su convento de clausura y morir con 24 años. Ella impulsó la iglesia desde su vida de oración, en su libro afirma: «He venido para salvar almas, y, sobre todo, para orar por los sacerdotes»[95].

Santa Teresa de Calcuta fue fundamental en la expansión del cristianismo por medio de sus obras de misericordia con los más pobres, entre los pobres, entre los más enfermos, entre los enfermos. Ella encarnó la ética de nuestro Señor que leemos en el Evangelio a las personas que tenía a su alrededor. Su entrega a las personas más marginadas ha llevado a toda la iglesia a tener una sensibilidad especial con los más desfavorecidos.

Fundó las Misioneras de la Caridad, en 1950, las *sisters*, su labor comenzó en las calles de Calcuta. Con el tiempo, la orden se extendió a más de 130 países, en los barrios más marginales,

95 Cfr. Teresa del Niño Jesús. Historia de un alma.

donde nadie quiere entrar, ellas con su sonrisa por delante, con el *sari* inmaculado (su hábito), esmerándose en vivir el amor al prójimo sin medida, como marcó su fundadora. Gracias a ellas es muy común que muchas personas hagan voluntariado por distintos barrios, regiones o países.

A lo largo de su vida, la santa hizo de altavoz en foros internacionales como la ONU, llamando la atención del mundo sobre la dignidad de todas las personas, en concreto de los más desfavorecidos. Gracias a ellas, muchas personas católicas, de otras religiones, agnósticos y ateos entendieron el respeto de la dignidad humana.

El resumen de su vida se concreta en el mensaje: «hacer cosas pequeñas con gran amor», aclarando que el cristianismo no es solo predicar, sino hacer lo de cada día por amor. Nos puede servir su vida de servicio para imitarla en nuestra vida, ella fue un símbolo viviente del amor cristiano a los pobres, su legado continúa inspirando a personas en todo el mundo a vivir de acuerdo con los principios del Evangelio. Ojalá por medio de las redes podamos ayudar a que las personas entiendan estos fundamentos tan sólidos.

8. 10. LOS TRES ÚLTIMOS PAPAS

Juan Pablo II, Benedicto XVI y Francisco, han sido la cabeza visible de la Iglesia con visiones y estilos diferentes. Los tres han ayudado a la misión evangelizadora de la Iglesia por todo el mundo.

Desde su elección en 1978, Karol Wojtyla, pasó a llamarse Juan Pablo II y se convirtió en un pontífice que viajó por todo el mundo llevando la semilla del Evangelio como ningún católico lo había hecho hasta la fecha.

A lo largo de su pontificado, Juan Pablo II realizó 104 viajes internacionales, visitando 129 países. Es la persona de todos los tiempos que más personas le han visto en directo. Desde las capitales más relevantes del mundo, hasta los pueblos más remotos de África y América Latina, su figura se volvió familiar para millones de personas. En estos viajes, el papa no solo reforzaba la fe de los católicos, sino que también llevaba un mensaje de paz, esperanza y justicia social a naciones devastadas por conflictos o regímenes autoritarios.

Uno de los momentos más emblemáticos fue su visita a Polonia en 1979, donde alentó al pueblo a resistir pacíficamente la opresión comunista Su papel fue tan clave en la caída del comunismo en Europa del Este, que para muchos es el artífice fundamental.

El papa Juan Pablo II entendió que la juventud era esencial para el futuro de la Iglesia. En 1985, instituyó las Jornadas Mundiales de la Juventud (JMJ), un evento global que reúne a millones de jóvenes católicos de todo el mundo. Era tan querido por millones de personas que cuando falleció, se colapsaron las carreteras de acceso a Italia, después en Roma había que esperar más de 24 horas para pasar unos instantes delante de su féretro.

Le sucedió su amigo y más estrecho colaborador, Joseph Ratzinger, elegido en 2005 con el nombre de Benedicto XVI. Muchos lo consideraban el «papa académico», probablemente el mejor teólogo del siglo XX y XXI. Su vasto conocimiento teológico y su enfoque riguroso le llevaron a dirigir la *Congregación de la Doctrina de la Fe.* Benedicto XVI centró su pontificado en la profundidad teológica y la renovación espiritual de la Iglesia.

Benedicto abordó la crisis de fe en el mundo moderno, y también hizo una llamada a la renovación interna de la Iglesia. Su enfoque en la «hermenéutica de la continuidad», defendía que la Iglesia debía permanecer fiel a sus raíces, sin caer en innovaciones doctrinales que pudieran diluir su mensaje. Otro de los temas clave durante el pontificado de Benedicto XVI, fue el diálogo interreligioso. Hasta que renunció a su pontificado.

La elección de Jorge Mario Bergoglio, en 2013, como el papa Francisco, marcó un cambio significativo en el estilo y la dirección de la Iglesia Católica. Francisco, el primer papa latinoamericano, ha centrado su pontificado en la pastoral, la inclusión y la justicia social. También ha causado admiración su pobreza y dedicación a los marginados. Yendo de viaje a lugares muy sencillos con muchísima pobreza y opresión social. Utiliza un lenguaje sencillo y certero.

Aunque sus estilos y enfoques han sido diferentes, Juan Pablo II habló mucho de la esperanza, Benedicto XVI su mensaje lo centro en la fe y Francisco ha realizado innumerables gestos caritativos. Entre los tres han dado una gran catequesis de las virtudes teologales (fe, esperanza y caridad) han trabajado en la misma misión: la expansión de la Iglesia Católica. El papa polaco hablando en sus viajes de la esperanza en Cristo y en la salvación, el papa alemán desde sus escritos explicando con un lenguaje entendible la fe católica, y el papa argentino con los gestos caritativos a los más abandonados de la sociedad. Cada uno manejó la nave de la Iglesia, pero los tres en la misma dirección. Estas tres posturas nos pueden ayudar a ver qué carisma es el nuestro y desarrollarlo en las redes sociales con la ayuda del Espíritu Santo.

CONCLUSIÓN

Después de navegar por las páginas de este libro como si de un río se tratase, queda claro que el reto de hablar de Dios en el océano de las redes sociales no es solo posible, sino también necesario. Hemos visto cómo las plataformas digitales, que a primera vista parecen un espacio superficial, pueden convertirse en un lugar donde las almas buscan respuestas, donde la verdad eterna puede resonar en el corazón de los náufragos que están alejados de Dios, y donde la caridad, la oración y la coherencia de vida pueden abrir puertas que parecían cerradas.

Desde la idea inicial de «cristianizar» el mundo, llegando hasta el último rincón con la fuerza de la caridad y las nuevas tecnologías, hasta aprender a gestionar a los inevitables «*haters*» con una actitud de compasión, hemos descubierto que el verdadero éxito en redes no se mide en *likes*, sino en las conversiones, silenciosas y profundas, que suceden al otro lado de la pantalla. Las historias de personas que encontraron sentido a su vida gracias a un mensaje en las redes no son casualidades, sino señales de que estamos en el camino correcto.

Hemos aprendido a «llenar las redes de peces» con oración, mortificación y trabajo constante, siempre atentos a las oportunidades que Dios nos pone en el camino digital. Porque, aunque las redes sociales sean efímeras, el impacto espiritual que podemos generar por medio de ellas es profundo y duradero.

No se trata solo de lanzar cualquier mensaje. La presentación es clave. Cuidar cada detalle, desde el contenido hasta la estética, es fundamental para transmitir la grandeza del mensaje cristiano. Nada que sea cutre, nada que sea improvisado. Nuestra misión es hacer que la Verdad de Cristo sea apetecible, atractiva, adaptada al mar de distracciones. Y, por supuesto, la coherencia es imprescindible. No podemos hablar de Jesús si no vivimos como Él. Debemos ser ejemplo de unidad de vida, de autenticidad, de fe vivida en plenitud, en cada publicación, en cada comentario, en cada interacción.

La metáfora de «lanzar la red a la derecha», como Jesús nos enseñó, está más vigente que nunca. La paciencia, la obediencia y el sentido de la vida son faros que guían nuestra labor en este océano digital. No siempre veremos los frutos de inmediato, pero como pescadores de hombres, sabemos que nuestra tarea es seguir tirando la red con paciencia, confiando en que Dios hará el resto.

Y finalmente, llega la llamada a ser verdaderos «salvadores» del mundo, con la certeza de que no estamos solos. Desde los grandes hasta los pequeños esfuerzos, cada acción cuenta. Cada clic, cada mensaje, cada respuesta, puede ser un paso más para construir una cultura cristiana sólida en una sociedad que lo necesita desesperadamente.

Nos toca, entonces, estar accesibles, ser luz en la pantalla y marcar el camino para los demás, aprovechando cada momento. Las redes sociales son una herramienta poderosa, pero somos nosotros quienes decidimos cómo usarlas. Si las llenamos de sentido, de esperanza, de amor, y de verdad, estaremos cumpliendo nuestra vocación más alta: salvar almas.

Así que, al cerrar este libro, la misión apenas comienza. Que nuestras redes se conviertan en puentes, que nuestros mensajes eduquen y construyan, y que, con la gracia de Dios, podamos seguir sembrando el Evangelio en cada rincón de este mundo digital que, más que nunca, necesita de Él.